BIBLIOTHÈQUE DE VULGARISATION

PRÉCIS
D'INSTRUCTION MORALE

MANUEL D'INSTRUCTION CIVIQUE

BIBLIOTHÈQUE DE VULGARISATION

Chaque ouvrage est complet en un vol. gr. in-16 de 320 à 360 pages. — Br. 2 fr. 50 ; cartonné à l'anglaise, 3 fr. ; avec titre et tranches dorées, 3 fr. 50

ONT PARU :

AD.-F. DE FONTPERTUIS. — Chine, Japon, Siam et Cambodge, — avec gravures dans le texte.

Les Etats latins de l'Amérique.

G. BUREAU, Ingénieur civil, Inspecteur des chemins de fer de la Compagnie de l'Ouest. — La Vapeur, ses principales applications. — Voies ferrées. Navigation, — avec 48 gravures dans le texte.

ALEXIS CLERC. — Voyage au pays du Pétrole.

ÉDOUARD CAT, Agrégé d'histoire et de géographie, Inspecteur d'Académie. — Les Grandes Découvertes maritimes du XIIIe au XVIe siècle, — avec gravures dans le texte.

J.-E. ALAUX, Docteur ès lettres, Agrégé de philosophie. — Histoire de la philosophie.

Précis d'instruction morale et civique.

PAUL GAFFAREL, Doyen de la Faculté des lettres de Dijon. — Les Explorations françaises de 1870 à 1871, — avec gravures dans le texte et six cartes géographiques.

(Prix Jomard, décerné par la Société de Géographie.)

JEAN LAROCQUE. — L'Angleterre et le Peuple Anglais, — avec une carte d'Angleterre.

La Grèce au siècle de Périclès.

ADRIEN DESPREZ. — La Politique féminine, — de Marie de Médicis à Marie-Antoinette (1610-1792).

Richelieu et Mazarin. Leurs deux politiques, — avec gravures.

MAURICE PELLISSON, Agrégé des lettres. — Les Romains au temps de Pline le Jeune. Leur vie privée.

RAOUL POSTEL. — L'Extrême-Orient. — Cochinchine, Annam, Tong-Kin, — avec gravures dans le texte.

LÉON HUGONNET. — La Grèce nouvelle. — L'Hellénisme, son évolution et son avenir.

Mme RATAZZI. — Le Portugal à vol d'oiseau.

Dr CAMILLE GROLLET. — L'Electricité, ses principales applications, — avec nombr. grav.

A. PIZARD. — La France en 1789 (la société, le gouvernement, l'administration), — avec deux cartes des gabelles et des traites d'après Necker.

GIRARD DE RIALLE. — Nos ancêtres, avec nombreuses gravures préhistoriques.

G. BOIS. — Histoire du droit français, depuis ses premières origines jusqu'à nos jours.

AD. BITARD. — Les Merveilles de l'Océan, — avec gravures dans le texte.

MOREL, commis principal des télégraphes. — La Télégraphie, avec gravures dans le texte.

PRÉCIS D'INSTRUCTION MORALE

MANUEL D'INSTRUCTION CIVIQUE

PAR

J. L. ALAUX

DOCTEUR ÈS LETTRES
PROFESSEUR DE PHILOSOPHIE A L'ÉCOLE DES LETTRES D'ALGER

PARIS
A. DEGORCE-CADOT, ÉDITEUR
9, RUE DE VERNEUIL, 9

1884

PRÉFACE

L'auteur de ces éléments, dans un petit livre sur *La République* (1) paru en 1871, comprenait parmi les matières d'une instruction primaire sérieuse l'instruction morale, suivie de l'instruction civique : « les principes, déjà fermes et clairement expliqués, du devoir de l'homme et du citoyen, de cette morale naturelle, universelle, sans laquelle il n'y a point de citoyen ni de société civile. Voilà ce que je voudrais voir enseigner dans toutes les écoles de garçons, futurs citoyens, et je voudrais le même enseignement, également obligatoire et gratuit, pour toutes les filles, futures femmes et mères de citoyens. »

Ce vœu d'un livre écrit en 1870, publié en 1871,

(1) Collection de la *Bibliothèque démocratique*.

a reçu enfin satisfaction. Pour mettre les instituteurs à la hauteur d'une tâche nouvelle, si grave, si délicate! on a introduit dans l'enseignement des écoles normales primaires un cours d'instruction morale et d'instruction civique; et l'on a rédigé pour ce cours un programme : *Instruction morale : psychologie, morale théorique, morale appliquée; Instruction civique : droit public, l'État, le département, la commune.*

L'éditeur de la *Bibliothèque de Vulgarisation* estimant avec raison qu'une étude brève et complète, sans aucun parti pris, et conforme à cet excellent programme, serait consultée avec fruit par tout le monde, nous nous sommes mis à l'œuvre.

Notre effort a été d'être bref en étant complet, et d'être clair en étant bref. Nous nous sommes attaché aux grandes lignes; nous avons présenté, dans un abrégé de philosophie morale, ce que nous croyons être la vérité, sans la diminuer et l'appauvrir en quelque sorte par crainte d'être obscur : il nous a paru que, par une exposition simple, en la dégageant à la fois et des discussions qui troublent l'intelligence et du détail qui l'embarrasse, on pouvait en faire l'objet d'un cours même élémentaire, et la mettre à la portée de tous.

Est-il besoin d'ajouter que, si nous respectons le caractère *laïque* de l'école, notre respect est une réserve équitable, qui n'a rien d'irréligieux. L'école est neutre en matière de religion : mais neutralité n'est pas hostilité, ni même indifférence. Nous restons sur le terrain de la raison, qui est le nôtre ; et nous établissons sur ce terrain une doctrine qu'une autre supérieure, si elle existe, peut dépasser, mais ne saurait contredire. La théologie qui, au-dessus de la raison, met la foi, parle d'une foi supérieure mais non contraire à la raison. Nous n'avons rien à dire contre la foi des uns, ni contre l'incrédulité des autres : nous nous taisons sur les questions de foi ; mais sur les questions de raison nous sommes affirmatif, comme nous devons l'être.

Nous nous adressons, dans notre *Précis d'instruction morale*, à la jeunesse intelligente, et pour préciser davantage si l'on veut, à de futurs instituteurs, comme un ami à des amis plus jeunes, ou comme un père à des enfants qui déjà sont des hommes, et qui bientôt auront charge d'âmes.

Nous les avions toujours, en écrivant pour eux, devant les yeux, et dans le cœur, ajouterai-je : on ne peut enseigner le bien sans l'amour du bien qu'on enseigne, et des hommes à qui on l'enseigne. Puisse un tel sentiment avoir animé ces pages d'une chaleur qui les rende utiles, moins encore pour l'étude que pour la dignité de la vie !

PRÉCIS
D'INSTRUCTION MORALE

INTRODUCTION

1. — Depuis que vous êtes au monde, vous agissez, tantôt d'une façon, tantôt d'une autre, tantôt bien, tantôt mal. Vous jugez votre conduite, et la déclarez bonne, ou mauvaise : quand vous avez bien fait, vous êtes contents en vous-mêmes ; mécontents, quand vous avez mal fait. Vous jugez aussi la conduite des autres, vous la déclarez aussi bonne ou mauvaise : quand ils ont bien fait, vous les estimez, et vous les méprisez quand ils ont mal fait. Qu'est-ce donc, mes amis, que mal faire ? Qu'est-ce que bien faire ?

Mal faire, c'est faire ce qu'on ne doit pas faire, c'est encore ne pas faire ce qu'on doit. Bien faire, c'est faire ce qu'on doit ; c'est encore ne pas faire ce qu'on ne doit pas faire. C'est un mal de ne pas faire ce qu'on doit ; c'est un plus grand mal de faire ce qu'on ne doit pas faire. C'est un bien de ne pas faire ce qu'on ne doit pas faire ; c'est un plus grand bien de faire ce qu'on doit.

Ainsi, l'on peut agir d'une manière ou d'une autre ; et c'est d'une manière, non pas de l'autre, qu'on doit agir. Vous sentez que vous pouvez faire une chose, ou ne pas la faire ; et vous sentez que vous devez la faire, ou ne pas la faire. Il dépend de vous de la faire ou non, il ne dépend pas de vous qu'il soit bien ou mal de la faire. Comme il dépend de vous de la faire, si vous la faites, elle vous est imputable, et vous en êtes responsables ; et si elle est ce que vous devez faire, en la faisant vous faites bien. Agir est en votre pouvoir ; votre devoir est d'agir, en tel cas, de telle façon.

Il se présente beaucoup de cas dans la vie : les diverses façons dont vous devez agir dans ces cas divers sont vos devoirs. Vous avez des devoirs, comme êtres sensibles, intelligents et libres, envers vous-mêmes ; vous en avez envers vos semblables, envers la nature, envers Dieu. Vous êtes enfants de l'humanité, vous avez des devoirs d'hommes ; vous êtes enfants d'une patrie, vous avez des devoirs de citoyens. Et comme vous devez, il vous est dû. Vous avez des droits, ayant des devoirs. Il vous importe de connaître vos droits et vos devoirs de citoyens : c'est l'Instruction civique ; mais, avant tout, vos droits et vos devoirs d'hommes : c'est l'Instruction morale.

2. — La morale, dont le nom vient d'un mot latin qui signifie les mœurs, les habitudes, la conduite, est la science de la conduite : non de ce qu'elle est, mais de ce qu'elle doit être ; non de ce qu'on fait, mais de ce qu'on doit faire ; non des mœurs, mais de la règle des mœurs.

Cette règle prescrit une manière d'agir. C'est une loi, qui commande une conduite ; elle ordonne et elle défend ; elle dit, par exemple : Tu honoreras ton père et ta mère : c'est un ordre ; ou : Tu ne tueras pas : c'est une défense. Ordre et défense, commandements de la loi morale.

Ce qu'elle ordonne, c'est le bien ; ce qu'elle défend, c'est le mal. S'il n'y avait point de bien, il n'y aurait point de mal ; et s'il n'y avait ni bien ni mal, il n'y aurait pas de morale : car, si la loi morale commande, ce n'est point pour le plaisir de commander, ou par une sorte d'autorité sans raison, et qui ne serait qu'une tyrannie sans titre : elle commande le bien. Le bien existe : c'est parce qu'il est le bien que la loi le commande ; et parce qu'il est le bien qu'il faut le faire.

Mais il ne suffit pas que le bien existe ; il faut encore savoir le connaître, ou le reconnaître. Et il faut pouvoir le faire. Il faut que nous ayons, au-dessus des sens, et de l'expérience, et de la connaissance de ce qui est, l'intelligence de ce qui doit être : c'est la raison ; que nous ayons une activité dont les actes ne dépendent que de nous et soient véritablement nôtres : c'est la volonté libre.

Que ce pouvoir d'agir par nous-mêmes nous manque, les actes d'une volonté qui ne serait pas libre seront-ils nôtres? Et s'ils ne sont pas nôtres, nous serons-ils imputables? En serons-nous responsables? Que signifie un commandement de faire ce que nous ne pourrions nous empêcher de faire, ou de ne pas faire? Ce que nous ferons malgré nous et pour ainsi dire sans nous, que sert de nous le commander? Et que sert de nous commander ce que de toute nécessité nous ne ferons pas?

Que nous n'ayons d'autre intelligence qu'une faculté de connaître ce qui est, que celle de comprendre ce qui doit être nous manque, c'est le discernement du bien et du mal qui nous manquera : car le bien n'est pas ce qui est, mais ce qui doit être, ce qu'il faut faire. Nous connaissons ce qui est, et le comparons à ce qui doit être; nous le jugeons un bien ou un mal, selon que nous le voyons conforme ou non à l'idée que nous avons de ce qui doit être : d'où nous vient cette idée? Non de l'observation, qui ne donne que ce qui est; elle est dans la raison, qui le juge. On ne le voit pas par les sens; on le conçoit par la raison. Le bien sera-t-il commandé à qui serait incapable de le concevoir?

Que cette idée n'ait point de valeur, qu'elle ne soit qu'une idée sans objet, c'est le bien qui n'existe pas. Et s'il n'est pas indépendamment de notre discernement et de notre conduite, s'il n'est pas en soi-même ou dans la nature des choses, qu'est-ce qu'un commandement d'un bien qui n'existe pas?

La loi morale suppose le bien, et s'adresse à des êtres capables de le concevoir, capables d'agir pour le réaliser. Si le juste et l'injuste sont quelque chose, s'il nous est défendu d'être injustes, ordonné d'être justes, s'il y a une morale, il y a un bien, et nous avons, nous, la raison pour le reconnaître, une volonté libre pour l'accomplir.

3. — Avons-nous, mes amis, ces facultés? Sommes-

nous des êtres libres, des êtres raisonnables? Sommes-nous capables du bien? Le bien même existe-t-il? ou n'est-il qu'une idée sans objet? La distinction du bien et du mal est-elle fondée en vérité, est-elle dans la nature des choses; est-elle en soi, ou n'est-elle que pour nous? Croiriez-vous, messieurs, qu'il se trouve des gens qui disent qu'elle n'est que pour nous, que l'idée du bien est purement humaine, ce qui équivaut à dire qu'elle n'a pas d'objet, ce qui équivaut à dire que le bien n'existe pas, qu'il n'y a ni bien ni mal? Croiriez-vous qu'il se trouve des gens qui disent que nous n'avons pas d'autre intelligence qu'une faculté de connaître ce qui est, que l'observation de ce qui est nous donne seule toutes nos idées, ce qui équivaut à dire que nous ne connaissons pas ce qui doit être, ce qu'il faut faire, que nous n'avons pas l'idée du bien? Croiriez-vous qu'il se trouve des gens qui disent que nos volontés ne sont pas libres, que nous ne voulons pas librement et par nous-mêmes ce que nous voulons, mais nécessairement et par nature, ce qui équivaut à dire que ce n'est pas nous qui le voulons, que nous n'en sommes pas responsables, que nos volontés ne nous sont pas imputables, qu'elles ne sont donc pas bonnes ou mauvaises, mais ce qu'elles peuvent être ; que nous ne méritons donc ni éloge ni blâme, ni récompense ni peine; qu'il est insensé qu'un acte nous soit ordonné ou défendu, puisque nos actes ne dépendent point de nous, puisque nous ne pouvons agir, puisque ce n'est pas nous qui agissons quand nous faisons quelque chose; en un mot, que les commandements de la loi morale sont pure chimère, ou pure folie! Et croiriez-vous que les gens qui parlent ainsi ne se doutent pas qu'ils détruisent, qu'ils anéantissent toute morale, qu'eux-mêmes bien souvent sont les plus honnêtes des hommes? Mais croiriez-vous qu'ils ne parlent pas ainsi par irréflexion, que ce sont, au contraire, des savants, que l'étude qu'ils ont faite de la nature et de l'homme leur met dans la bouche le langage qui vous étonne?

Étudions donc, nous aussi, les facultés humaines, pour savoir à quoi nous en tenir. Vous êtes jeunes, et vos familles vous ont bien élevés : vous savez quand vous faites bien, quand vous faites mal; vous savez avant tout qu'il existe un bien, et que vous devez le faire, et que vous pouvez le faire ; vous savez que votre conduite dépend de vous, et que, si jamais vous avez eu le malheur de mal faire, le jour où vous avez mal fait vous pouviez faire autrement, vous n'aviez qu'à le vouloir, et votre vouloir était à votre disposition ; que c'est là ce qui vous rend coupables, blâmables, punissables. Vous le savez aujourd'hui : mais vous entendrez discuter, contester, nier tout cela, et vous douterez de votre éducation, de votre raison, de votre libre-arbitre, de vous-mêmes. Et quand vous serez tentés et que vous vous sentirez faibles, quand vous aurez à choisir entre un plaisir et un devoir, entre l'intérêt et le bien, entre votre bonheur ou peut-être le bonheur des vôtres et la vertu, ne vous arrivera-t-il pas de vous ranger du côté de ceux qui, niant le libre-arbitre, ou la raison, ou la valeur de la raison, nient la vertu, nient le bien, nient le devoir? Dès lors ne choisissez plus : suivez le plaisir, écoutez l'intérêt, allez où est le bonheur !

Non, cela ne vous arrivera pas, si vous échappez au doute sur vous-mêmes ; vous pouvez être fermes dans votre conduite, si vous demeurez fermes dans votre connaissance du bien et du mal. Et que faut-il pour cela ? Que votre connaissance devienne science. Ce que vous savez parce que vous le croyez ou vous le sentez, parce que vos parents vous l'ont dit et que vous entendez une parole intérieure en vous qui confirme leur parole, apprenez à le savoir par méthode et raison : soyez savants avec les savants.

Mais suffit-il de savoir qu'il y a un bien, qu'on doit le faire, qu'on peut le faire ? Non : il faut encore savoir ce qui est bien, ce qui est mal. Vous ne l'ignorez point, vous l'avez appris, on vous l'a dit : mais ceux qui vous l'ont dit n'ont pas tout prévu, et il se présente des cas douteux où la même conduite est diversement jugée, où les uns blâment ce qu'approuvent les autres. Que blâmerez-vous ? Qu'approuverez-vous ? Que ferez-vous ? Vous ne le savez pas : on ne vous l'aura pas dit. Mais si, au lieu de savoir ce qui est bien, ce qui est mal, par ce qu'on vous en a dit, vous le savez par ce que vous en voyez vous-mêmes, par une connaissance des raisons qui font qu'une action est bonne, une autre mauvaise ; si, au lieu d'agir par tradition et par usage, vous devenez capables d'agir par principes, vous appliquerez vos principes, et vous connaîtrez le bien : vous saurez ce qu'il convient de blâmer ou d'approuver et de faire.

Là est l'utilité, là est la nécessité d'une instruction morale, non plus seulement traditionnelle et pratique, mais rationnelle et théorique.

Pour connaître le bien, il faut connaître l'homme : c'est l'objet d'une science qui s'appelle *psychologie*. La psychologie est donc la première partie de la morale.

Vous surtout, futurs instituteurs, qui aurez à former des hommes, comment le pourrez-vous, si vous ne connaissez l'homme ? La psychologie sera donc la base de la pédagogie comme de la morale.

PREMIÈRE PARTIE

NOTIONS ÉLÉMENTAIRES DE PSYCHOLOGIE

CHAPITRE PREMIER

L'AME ET LE CORPS

1. — Voilà autour de vous des murs, des tables, des camarades : comment le savez-vous ? Vous les voyez, vous les touchez ; vous les connaissez par la vue, par le tact, par les sens. Vous lisez un livre : comment connaissez-vous ce livre ? Vous le voyez. Et les caractères que vous y trouvez tracés en noir sur le blanc des pages ? Vous les voyez. Vous les connaissez par les sens. Mais vous ne lisez pas ce livre sans le comprendre ; peut-être vous charme-t-il : vous êtes attentifs, intéressés, émus. Comment vous savez-vous émus, intéressés, attentifs ? Comment connaissez-vous ces manières d'être de vous-mêmes ? Voyez-vous vos pensées ou vos sentiments comme vous voyez ce livre et ces murs ? Les touchez-vous comme vous touchez ces tables ? Les entendez-vous comme vous entendez le

bruit de cette voiture qui passe ? En avez-vous l'odeur, la saveur, comme de ces fleurs, de ces fruits ? Les connaissez-vous, en un mot, par les sens ? Non, mais par une connaissance immédiate, directe, de vous-mêmes, qui est la conscience. La conscience est la connaissance de soi. C'est que vos pensées, c'est vous pensant ; vos sentiments, c'est vous sentant ; vos souffrances, vos joies, c'est vous souffrant ou jouissant. Vous ne pouvez penser, vouloir, sans le savoir ; vous ne pouvez jouir sans vous connaître jouir, ni vous connaître jouir sans jouir en effet. Qui se croit malheureux, c'est qu'il se sent malheureux ; et qui se sent malheureux l'est, dans la mesure même où il se sent, où il se croit l'être. On peut avoir tort de sentir comme de penser une chose : il n'est pas moins vrai que ce qu'on a conscience de penser ou de sentir, on le sent, on le pense ; et que ce qu'on sent, ce qu'on pense, on a conscience de le penser, de le sentir. Penser sans avoir conscience de penser, ce n'est point penser : ce n'est rien du tout. La phrase même est inintelligible. Et avoir conscience de penser sans penser n'est pas plus intelligible. De même pour sentir, pour vouloir. Les objets des sens, qu'on voit, qu'on entend, qu'on touche, peuvent être sans qu'on les entende, qu'on les voie, qu'on les connaisse ; et l'on peut les connaître, ou croire les connaître, on peut, dans le rêve, par exemple, les entendre et les voir, sans qu'ils existent : les objets des sens et la connaissance de ces objets sont séparables. Mais la pensée et la conscience de la pensée, le sentiment et la conscience du sentiment, les objets de la conscience et la conscience, ne le sont pas. Ceux qui les séparent, parlent, et ne savent ce qu'ils disent.

C'est que les objets des sens, les choses visibles et tangibles, sont hors de nous ; les objets de la conscience ne sont pas hors de nous : ils sont en nous, ils sont nous-mêmes.

L'être qui a conscience de soi, ou le moi, est ce qu'on appelle *âme;* la science de cet être, ou de l'âme, est la *psychologie*. Ce mot veut dire, en grec, *science de l'âme :* c'est la science du moi, de l'être conscient, de l'homme.

2. — Car c'est là l'homme. Chacun de nous est un moi. Qu'êtes-vous, Jacques? Vous êtes, j'imagine, quelqu'un qui m'écoute en ce moment, et qui sait qu'il m'écoute ; qui pense, et qui sait qu'il pense ; qui sent, qui veut, et sait qu'il sent et qu'il veut ; qui désire, qui espère et qui craint, qui se souvient, juge, raisonne, et sait qu'il fait tout cela ; vous n'êtes pour vous-même qu'autant que vous faites tout cela, et que vous le savez. Cessez de penser, de sentir, de vouloir, ou de le savoir, d'en avoir conscience, de pouvoir parler de vous à vous-même, existez-vous encore pour vous-même? Existez-vous pour vous-même quand vous dormez d'un profond sommeil? Non, mais pour moi qui vous vois; et que dis-je? ce qui existe pour moi, ce n'est pas vous, c'est une apparence, une forme extérieure, où je vous reconnais, parce que je vous ai connu sous cette forme : parce qu'elle signifie à mes yeux un être capable de conscience, un être

pensant, qui pensait hier, qui pensera demain.

Cette forme est votre corps. Elle vous signifie à moi, elle n'est pas vous-même. Elle est pour moi un signe où je vous connais, comme je connais à la fumée un feu qui ne lui ressemble pas. Je ne vous vois pas, je vois votre corps. J'appelle cela vous voir, comme j'appelle voir un mot dans un livre, y voir une suite de caractères visibles qui signifient les sons articulés dont se compose le mot : on ne voit pas des sons, je ne vois donc pas le mot, mais un signe qui me le représente, et j'appelle cela voir le mot. De même j'appelle vous voir, vous entendre, voir, entendre un signe qui vous représente à moi. Mais vous, je ne vous vois ni ne vous entends ni ne vous touche : est-ce que je touche, est-ce que j'entends ou je vois vos pensées, qui sont vous-même quand vous pensez ; votre intelligence, qui est vous-même capable de penser ; votre âme, qui est vous-même capable de sentir et de vouloir comme de penser ; le principe de ces opérations dont vous avez conscience, votre être, en un mot, qui est vous-même ?

Vous n'êtes donc pas votre corps. Vous ne l'êtes pas pour moi, non plus que le feu n'est la fumée, que l'idée n'est le mot qui l'exprime, ou le mot la suite des figures visibles qui le traduisent au regard. Mais vous ne l'êtes pas pour vous. Vous vous connaissez par la conscience, et vous connaissez votre corps par les sens, tout comme les objets qui vous sont extérieurs. Votre corps a une structure, que vous ne connaissez qu'autant que vous la voyez : fort peu, mon cher Jacques ; et le peu que vous en savez, c'est sur la foi de gens qui ont dû ouvrir des corps pour les connaître : ils ne connaissaient pas le leur, et ils n'ont pas ouvert le vôtre. Il y a dans votre corps toutes sortes de mouvements, comme la circulation du sang, l'absorption, la décomposition et la recomposition incessante des tissus, que vous ne connaissez pas davantage, ni d'une autre manière ; et des mouvements nerveux, qui, transmis de l'extrémité au centre, vous font sentir, ou, transmis du centre aux muscles, vous les font mouvoir, que vous ne connaissez pas davantage, ni d'une autre manière. Vous êtes conscient de vous-même, et ne pouvez agir sans vous connaître agir ; vous êtes inconscient de votre corps, et il agit sans que vous ayez le secret de son action. Votre corps n'est donc pas vous. Le corps n'est pas l'âme ; il n'est pas l'homme. Ce n'est pas le corps qui est l'homme, c'est l'âme.

Ce matin, Pierre, vous vous êtes brûlé, et vous avez crié sous le coup de la douleur. La douleur, c'est bien vous qui l'avez ressentie ; mais ce n'est pas vous qui avez été brûlé, c'est votre bras. La douleur a été provoquée en vous par un état de votre cerveau résultant d'un mouvement des nerfs résultant lui-même d'une altération des tissus d'où ils partent : altération des tissus, mouvement des nerfs qui en partent, état du cerveau qui en résulte, sont du corps ; la douleur à la suite est de l'âme. Vous ne l'éprouveriez pas, et l'altération des tissus, la brûlure, vous serait insensible, si le mouvement des nerfs ne s'était pas produit ou s'était arrêté en route. Le corps est brûlé, l'âme en souffre. Le corps est en santé, l'âme en jouit. Le corps vit ; l'âme sent, pense et veut.

C'est par le corps que l'âme reçoit des informations de la nature extérieure, et peut, en conséquence de ces informations, agir sur elle. Je vous ai vu tout à l'heure, Joseph, reprendre un enfant de l'école annexe qui frappait de la main, par façon de jeu, un de ses camarades ; et comme celui-ci protestait : « Ce n'est pas moi, c'est ma main ! » lui répondait l'espiègle. Ce petit plaisant était un pyschologue sans le savoir. Sa main n'était pas lui ; et c'était pourtant lui qui frappait. Un assassin pourrait dire aussi : « Ce n'est pas moi, c'est mon poignard. » Le poignard de l'assassin est l'instrument de son crime, et la main de l'écolier l'instrument de sa taquinerie : elle n'est pas lui-même. Notre corps n'est pas nous, mais nous ne pouvons agir sans notre corps.

L'homme n'est pas un corps, ni une âme ; ni même un composé d'âme et de corps, car il n'est pas double, mais un : l'homme est une âme ayant un corps, et formant avec lui, comme dit Bossuet, « un tout naturel ».

3. — La conscience qui est la connaissance de soi-même n'est pas la conscience par laquelle on juge le caractère moral de ses actions ou des actions d'autrui : celle-ci est la conscience morale, l'autre est la conscience psychologique.

L'âme est le sujet des faits de conscience. On les divise en trois groupes. L'âme jouit ou souffre, elle sent, elle est donc capable de sentir, ou sensible.

L'âme connaît, se souvient, juge, raisonne, imagine, elle pense : elle est donc capable de penser, elle est intelligente. L'âme agit : elle est donc capable d'agir, elle est active. Activité, intelligence, sensibilité, trois facultés de l'âme, qui ne sont pas trois âmes, mais la même âme considérée comme capable d'agir, de penser, de sentir, ainsi que l'âme elle-même n'est pas un homme dans l'homme, mais l'homme considéré comme être conscient, l'homme véritable.

Aussi l'âme est-elle toujours tout entière dans tous les faits dont elle est le sujet : activité, elle agit, mais non sans penser et sentir ; sensibilité, elle sent, mais non sans agir et penser ; intelligence, elle pense, mais non sans agir et sentir. Le corps ne vit pas sans quelque action de l'âme, et l'âme n'a point cette conscience de soi qui est son caractère propre sans quelque jeu des organes du corps.

Mais entre les opérations de l'âme, il en est qui dépendent en elles-mêmes, directement, du jeu de l'organisme, d'autres qui n'en dépendent que par occasion, comme liées à des opérations qui en dépendent ; qui directement, en elles-mêmes, n'en dépendent pas. Un Français et un Allemand apprennent en même temps la nouvelle de nos désastres : les mêmes vibrations de l'air frappent leurs oreilles, et provoquent, à la suite d'un semblable mouvement imprimé à leur cerveau, les mêmes sensations auditives, d'où résulte chez les deux la même connaissance, mais non le même sentiment. Quelle douleur chez l'un, quelle joie et quel orgueil chez l'autre ! Les sensations auditives dépendent des mouvements nerveux, du jeu de l'organisme. La connaissance en résulte, mais n'en dépend pas : elle résulterait également d'autres sensations, de sensations visuelles, par exemple, s'ils lisaient ce qu'ils entendent dire, ou d'autres sensations auditives, si on leur parlait une autre langue ; et les mêmes sensations n'amèneraient aucune connaissance chez d'autres personnes, pour qui elles ne seraient pas des signes intelligibles : elles sont donc l'occasion de la connaissance ; elles ne la produisent pas, mais lui permettent de se produire. Et la connaissance ne produit pas le sentiment, si différent chez ces deux hommes : cette différence peut-elle avoir une autre cause que la différente disposition de leurs âmes ? Et cependant le sentiment ne serait pas, sans une connaissance qui ne serait pas sans un groupe de sensations qui ne seraient pas sans le jeu de l'organisme.

Ainsi, mes amis, reconnaissez dans l'homme deux éléments : un corps, qui n'est pas lui, mais sans lequel il n'est pas, ou n'est pas homme ; une âme, qui est lui-même. Et reconnaissez dans l'âme deux éléments, deux formes d'existence, selon qu'elle opère sous la dépendance du corps, ou indépendamment du corps : les sensations et les appétits, les sentiments ; les sens, la raison ; l'instinct, la volonté libre : la vie animale, sensitive ; la vie proprement humaine, intellectuelle, raisonnable.

CHAPITRE II

L'ACTIVITÉ PHYSIQUE.

1. — **L'âme, dès qu'elle existe, sent et agit.** Vivre, c'est agir ; être, c'est agir : car un être ne se manifeste qu'en agissant. L'âme se manifeste au dehors par des mouvements corporels ; elle se manifeste à elle-même par des sensations. Vous avez vu ce qu'est la sensation : l'état de conscience provoqué en elle par le cerveau, par le jeu de l'organisme. Sa première sensibilité, comme sa première activité, est physique. Elle sent sous la dépendance des nerfs mus par ce qui les excite : ils en reçoivent une impression qu'à son tour elle reçoit d'eux, elle réagit, et c'est la sensation. Elle agit aussi, et produit dans les membres des mouvements qui signalent sa présence.

Parmi les mouvements de vos membres, il y en a que vous faites, sachant ce que vous faites et pourquoi ; il y en a que vous faites sans savoir pourquoi ; il y en a que vous ne faites pas, et qui se font dans votre corps sans votre âme : on pourrait dire, si l'on ne vous distinguait pas de vos corps, qu'ils se font en vous sans vous. Quand vous parlez avec vivacité, vous accompagnez vos paroles de gestes, qui sont des mouvements que vous ne faites pas vous-mêmes, puisque vous ne les connaissez même pas : ils se font à votre insu, et, comme on dit, ils vous échappent. On les appelle *spontanés*. Ceux que vous faites vous-mêmes, les sachant et les voulant, sont *volontaires*. Le mot *volontaires* signifie que la volonté les fait; le mot *spontanés*, qu'ils se font d'eux-mêmes. D'autres encore se font à la suite d'excitations extérieures : un ébranlement imprimé à l'extrémité des nerfs dits *sensitifs* arrive au centre, s'y retourne, passe en d'autres nerfs dits *moteurs*, et il en résulte des mouvements qu'on appelle *réflexes :* c'est-à-dire que ces mouvements, venus du dehors, se retournent dans le centre nerveux. Vous n'en avez pas conscience ; ils vous sont étrangers : ils sont de votre corps, non de vous.

2. — Les mouvements spontanés se passent aussi, pour la plupart, hors de votre conscience ; ils se font sans but, ils résultent, comme les gestes qui accompagnent une parole animée, de l'état du corps. Il en est que vous sentez se faire, ou qui se font par une impulsion dont vous avez conscience, et pour un but : ce sont les mouvements *instinctifs*. Ils ne sont pas volontaires et vous ne les faites pas : ils se rapportent à un but que vous ignorez ; ils sont des moyens ajustés, sans que vous les ayez calculés, à une fin que vous ne connaissez pas. L'être qui agit par instinct se sent poussé par une force mystérieuse, dirigée elle-même par une sagesse dont il n'a pas le secret, à l'emploi de moyens combinés et concertés pour une fin prévue, qui est sa conservation ou celle de son espèce. L'instinct est infaillible, dès qu'il existe ; il ne comporte pas de progrès : il est d'abord tout ce qu'il peut être, immuable et uniforme, le même dans tous les siècles et

dans tous les êtres d'une même espèce, différent dans les différentes espèces : spécial selon l'espèce, et dans chaque espèce encore selon le but : chaque but particulier que poursuit la nature a son instinct propre. L'intelligence cherche des moyens pour des buts qu'elle se propose, connaît donc ces buts, connaît ces moyens, les essaie, les change, tâtonne, perfectionne ou varie, opère différemment chez les différents êtres de la même espèce et pour les mêmes buts, s'applique à différents buts, dirige des volontés diverses pour toutes sortes de fins, bonnes ou mauvaises. L'instinct est tout le contraire : il remplace l'intelligence faillible et la volonté mobile de l'être par une sagesse infaillible, immuable, incapable de progrès, spéciale, uniforme, aveugle. — Est-elle aveugle ? Dans l'être qui agit, soit ; mais non sans doute dans l'auteur de cet être. L'instinct est aveugle, mais il n'est point par soi-même : il est par une sagesse plus haute, par une intelligence et par une volonté qui sait, pour l'être qu'elle fait agir, ce que cet être ignore. Quand vous agissez par instinct, ce n'est pas vous qui agissez, c'est la nature en vous : mais c'est l'auteur de la nature.

L'instinct domine chez l'animal, chez l'enfant. A mesure que l'homme se forme et se développe, il agit moins par instinct, plus par intelligence et par volonté.

3. — Un mouvement qui a d'abord été volontaire, quand il a été répété, se répète de lui-même, et devient peu à peu comme instinctif : ces mouvements

devenus instinctifs de volontaires qu'ils étaient d'abord sont dits habituels. Un homme qui, ordinairement, quand il sort de chez lui, tourne à droite, doit un jour, pour quelque affaire, prendre à gauche ; mais s'il n'y songe pas, le voilà qui tourne encore à droite : c'est une *habitude*. Le cheval suit, sans y songer, un chemin accoutumé ; il faut un effort pour lui en faire suivre un autre. Les actes habituels se font, comme les actes instinctifs, machinalement : c'est, en effet, la machine qui va, une fois montée, sans que l'homme y soit désormais pour quelque chose. Dans l'instinct, c'est la nature, c'est l'auteur de la nature, qui a monté la machine ; dans l'habitude, c'est l'homme lui-même : mais, une fois montée, elle va toute seule.

Les mouvements habituels sont de tous les âges, et de tous les êtres : ils sont chez l'homme ; ils sont chez les animaux. Les mouvements volontaires sont de l'homme, qui est déjà dans l'enfant. Les mouvements instinctifs sont moins de l'homme que de l'enfant, et moins de l'enfant que des animaux : ils se ramènent de plus en plus, à mesure qu'on descend les degrés de l'animalité, à des mouvements réflexes. Les mouvements spontanés caractérisent d'une façon toute particulière l'enfance, dont ils déterminent les jeux.

CHAPITRE III

LA SENSIBILITÉ PHYSIQUE.

1. — L'homme agit et se meut, l'homme sent. Ses premiers mouvements sont spontanés, et sa première activité, physique ; sa première sensibilité aussi. C'est le jeu de ses nerfs qui provoque les premières modifications de son être conscient. Quelle que soit la cause, interne ou externe, qui mette en jeu ses nerfs, à la suite de l'excitation nerveuse, il est affecté, il a conscience d'être affecté, et cette modification de lui-même est plaisir ou douleur.

Le jeu des nerfs est l'*impression*, qui passe par eux sans venir d'eux ni s'arrêter à eux : ils la reçoivent, la transmettent, elle arrive au cerveau, il en résulte dans l'âme, c'est-à-dire dans le moi ou la conscience de l'être, une modification qui est une *sensation*.

La sensation est provoquée dans l'âme par un état du cerveau, cet état par un ébranlement des nerfs ; cet ébranlement peut avoir sa cause dans le corps même ou hors du corps. Quand la cause en est un objet extérieur, la sensation nous avertit de sa présence, de son existence, de ses caractères ; quand la cause en est dans le corps, la sensation nous avertit de ses parties diverses, de leur bien-être ou de leur malaise : un mal de tête, de cœur, d'entrailles, un rhumatisme, etc. Nous rapportons donc certaines sensations aux diverses parties de notre corps : c'est les localiser ; on les appelle internes. Nous en rapportons d'autres à des objets extérieurs :. ce sont les sensations du tact, de la vue, de l'ouïe, de l'odorat, du goût. Nous connaissons de la sorte ces objets ; la faculté de les connaître ainsi par les sensations que provoque en nous leur présence, est dite *sens*.

Les sens ne sont pas du corps, mais de l'âme : ce ne sont pas vos yeux qui voient, ni les nerfs par lesquels ils communiquent avec le centre, c'est vous ; mais sans vos yeux vous ne verriez pas. Que vos yeux soient fermés ; qu'ils soient ouverts et dans la clarté, mais malades ; ou qu'ils soient ouverts dans la clarté et sains, mais que l'impression produite sur la *rétine*, c'est-à-dire sur le nerf *optique* ou nerf de la vue, s'y arrête et n'aboutisse pas au cerveau, vous ne pourrez voir : il y a donc là tout un ensemble de conditions sans lesquelles vous ne pourrez voir : mais elles sont les conditions de la vue, elles ne sont pas la vue. Vous ne voyez pas, si le mouvement du nerf s'arrête en chemin : donc vous ne voyez pas sans le cerveau mû à la suite du nerf, sans le nerf optique, sans l'œil, sans un organe ou instrument de la vue ; mais donc aussi ce n'est pas l'œil qui voit, ni le nerf, ce n'est pas l'instrument ou l'organe, c'est vous. Vous avez la faculté de voir, d'entendre, etc., et il y a dans votre corps des organes de ces facultés : les facultés sont de l'âme, leurs organes sont du corps. Les organes des sens ne sont pas les sens. Prenez un microscope, et regardez : verrez-vous encore ce monde qui vous entoure ? Non, vous en verrez un autre dont vous ne vous doutiez pas, un autre qui vous était invisible, et que le microscope vous rend visible. Le verrez-vous sans le microscope? Mais est-ce le microscope qui le voit? Il est l'organe de votre vue des très petits êtres ; il complète ou modifie, comme d'autres lunettes pourraient le faire autrement, l'œil, qui n'est lui-même que l'organe général, que le premier organe, de la vue.

2. — Quand les sensations nous font connaître des objets, on dit qu'elles nous les représentent, et on les appelle *représentatives*. Elles sont d'abord *affectives*, c'est-à-dire qu'avant de nous représenter rien, et telles qu'elles sont en elles-mêmes dans la conscience de notre être, elles nous sont plaisirs ou douleurs. C'est que ce qui nous affecte, ce qui nous touche, ce qui imprime à notre être une modification, l'imprime favorable ou contraire à nos *tendances*.

Nous tendons, en effet, vers certains objets, qu'il faut atteindre, et qui sont les fins de notre être. L'activité que nous sommes n'est pas sans direction. Voyez ce livre sur cette table. Le croyez-vous en repos ? La table le soutient, c'est-à-dire, en vérité, le retient, l'arrête dans son mouvement vers le centre de la terre ; il se dirige vers la terre, bien qu'il paraisse immobile : la pression qu'il exerce sur la table est un mouvement arrêté dans son commencement même. C'est une direction de mouvement, une tendance. Ainsi de notre être : des mouvements lui sont imprimés vers certaines fins, ce sont des **tendances** ; on les appelle aussi des penchants, des inclinations, parce que l'on compare l'être à un objet que la pesanteur fait pencher ou incline. On dit que le plaisir est d'agir : cela est vrai, mais d'agir dans la direction naturelle de l'activité qui est notre être, et dans sa mesure. Le plaisir est d'aller où l'on tend, de posséder ce qu'on aime.

L'*amour* d'une chose produit le *désir* de s'unir à cette chose. On *aime* aussi ce qui en rapproche, on *hait* ce qui en éloigne, on est porté à s'en détourner : c'est l'*aversion*, qui est l'opposé du désir.

3. — Entre les fins de notre être, il en est qui le sont de notre corps : ainsi la nourriture, l'air, les objets sans lesquels il ne peut vivre. Le corps ne se suffit pas, il a des besoins : mais ce n'est pas lui qui les sent, c'est l'âme. C'est le violoniste qui sent les besoins de son violon : à lui d'y pourvoir ; à nous de pourvoir aux besoins de nos corps. Nous les sentons, ces besoins ; nous aimons les objets nécessaires ou utiles à la vie corporelle : ce sont les *appétits*.

Les appétits s'accompagnent d'un sentiment de privation, qui, à l'état normal, n'a rien de pénible. Ils s'apaisent et disparaissent, puis reparaissent : ils sont périodiques, ou du moins intermittents, comme les besoins d'un corps dont la vie est une décomposition incessante, une incessante recomposition : à mesure qu'il se défait pour se refaire, le besoin qui avait cessé recommence, et avec le besoin l'appétit. Certains semblent permanents, celui de la respiration, par exemple : c'est que les périodes en sont à la fois très fréquentes et très courtes ; mais il est périodique : à chaque instant le besoin s'apaise, et il reprend tout aussitôt : on le sent bien vite, pour peu qu'on suspende un moment la respiration.

Les appétits peuvent se ramener à deux groupes principaux : ceux de la nourriture, de la respiration, du sommeil, de l'activité musculaire, etc., se rapportant aux fonctions de nutrition, à la conservation de l'individu ; d'autres aux fonctions de reproduction, à la conservation de l'espèce. Ils poussent l'âme à la satisfaction des besoins du corps : d'où résulte un plaisir, qui peut devenir à son tour le but poursuivi. On se propose alors comme une fin ce qui n'est qu'une conséquence de la fin atteinte ; on ne recherche plus la satisfaction normale et réglée du besoin, mais le plaisir, sans règle et sans frein : car où serait ici le frein, où est la règle, où est la mesure, quand la considération du bien, qui a sa mesure, qui a, dans sa limite naturelle, sa règle et son frein, ne gouverne plus la conduite ? Les appétits se transforment ; d'intermittents ils deviennent permanents et continus : ils ne sont plus l'amour essentiellement limité de ce qu'exige la vie, mais l'amour insatiable du plaisir.

CHAPITRE IV

L'INTELLIGENCE

L'*intelligence* est la faculté de connaître. Nous connaissons des faits, des phénomènes, c'est-à-dire des apparences ou des formes de choses ; et c'est par leurs phénomènes que nous connaissons les choses. Ainsi, vous ne connaissez pas directement votre intelligence, mais vos pensées présentes : vous pensez présentement ceci ou cela, c'est un fait présent à votre conscience, c'est une forme de votre intelligence, une apparence ou un phénomène de vous-mêmes : par ce phénomène, par ce fait, vous vous connaissez intelligence, vous connaissez l'âme intelligente que vous êtes. Des faits de lumière sont présents à vos yeux, phénomènes de couleur, apparences ou formes visibles : par ces faits, qui ne sont que des phénomènes, des apparences, de pures formes, vous connaissez des êtres, des choses, le monde qui vous entoure. Ces faits sont donnés, les uns à votre *conscience*, les autres à vos *sens*. Vous les conservez dans votre *mémoire ;* vous vous les rappelez, vous vous les représentez par l'*imagination ;* vous les groupez, les rattachez les uns aux autres, vous formant des idées générales, liant ces idées par des rapports de toutes sortes, affirmant ces rapports et les rapports de ces rapports, en établissant de nouveaux, jugeant et raisonnant, concevant au-dessus de ce qui est ce qui peut être, ce qui doit être, ce qu'il faut faire : ayant dans votre esprit, pour que ces opérations vous soient possibles, des données intellectuelles qui, appliquées aux données de votre conscience et de vos sens, vous élèvent du phénomène à l'être, du fait à l'idée, et de connaître à comprendre.

1. — Nous ne connaissons pas directement des êtres,

mais des phénomènes; et d'abord les phénomènes du moi. Quand vous connaissez un phénomène extérieur, une couleur, par exemple, ou un son, un contact, vous connaissez d'abord votre vision, votre audition, votre sensation tactile, vous vous connaissez voyant, entendant, touchant : c'est dans ces actes de voir, d'entendre, de toucher, dans ces faits du moi, dans ces phénomènes intérieurs, que les phénomènes extérieurs vous sont donnés ; et c'est dans ces phénomènes extérieurs que vous sont donnés les objets, comme dans ceux du moi vous êtes donné vous-mêmes à vous-mêmes. Dans les phénomènes du moi vous est donné un être, qui est vous ; dans quelques-uns des phénomènes du moi, dans vos sensations, vous sont donnés des phénomènes extérieurs, dans lesquels vous sont donnés les objets extérieurs, les choses du dehors, le monde.

La connaissance du moi enveloppe celle du monde, qui la suppose; elle est la *conscience*, elle se fait par le *sens intime*.

Rappelez-vous, Messieurs, que ce mot de *conscience* a des acceptions différentes. La langue ordinaire le prend dans le sens de *conscience morale*, sentiment et jugement du bien et du mal; quelquefois dans un sens religieux, comme quand on dit : *la liberté de conscience*, pour dire la liberté de pratiquer sa foi. Il s'agit ici de la *conscience psychologique*, c'est-à-dire de la connaissance des faits du moi, ou de l'âme, dont le caractère propre est, vous le savez, de ne pouvoir se produire sans que l'être qui les éprouve les aperçoive et sache ou sente que c'est lui-même qui les éprouve.

Elle est d'abord, chez les petits enfants, comme chez les animaux, spontanée; elle est ensuite réfléchie : confuse et obscure à l'origine, quand elle précède la réflexion ; claire et distincte, quand elle se reconnaît, et, par la réflexion, se replie en quelque sorte sur elle-même. Le moi ne se distingue lui-même de ce qui n'est pas lui que dans cette réflexion : jusque-là il ne se sépare pas de l'objet qui l'occupe, qu'il sent en lui, dans lequel il se sent, avec lequel il se confond : il est tout entier dans la sensation qu'il éprouve.

C'est à la conscience que nous devons les notions de joie, de douleur, de désir, d'amour, d'espoir, de crainte, d'idée, de jugement, de raisonnement, de cause, de force, et mille autres : toutes les notions d'ordre intellectuel et moral. Il en est que nous transportons hors de nous, et appliquons à des choses que nous n'expliquerions pas sans elles : celle de force notamment, avec les notions qui s'y rapportent, nous sert à comprendre la nature, mais nous la devons à la conscience. L'âme est une force, elle a des facultés, elle est active essentiellement.

2. — Elle agit en prenant conscience d'elle-même ; elle agit en rapportant ses sensations à des objets extérieurs qui les provoquent. Elle connaît, disons-nous, dans ses sensations, phénomènes intérieurs, faits du moi, des phénomènes extérieurs, faits du non-moi, formes de choses qu'elle s'oppose à elle-même : cette connaissance est la *perception extérieure*. Gardez-vous donc bien de confondre, comme on le fait souvent, la

perception avec la sensation : celle-ci est une modification éprouvée par l'âme à la présence d'un corps ; l'autre est le jugement par lequel l'âme rapporte cette modification, qu'elle trouve en elle sans l'y avoir produite elle-même, à une cause extérieure, à un corps. La sensation ne sort pas de l'âme, dont elle n'est qu'une manière d'être : la perception est un acte, qui sort de l'âme pour atteindre et reconnaître hors d'elle un objet.

La perception est la connaissance en conséquence de la sensation : autant de natures de sensations, autant de natures de perceptions. Les sens ne nous donnent pas les perceptions, mais les sensations ; et c'est la raison qui, à l'occasion des sensations, perçoit.

On compte cinq sens, qui sont le tact, la vue, l'ouïe, l'odorat et le goût. Chacun a son organe propre, qui met l'homme en rapport avec tel mouvement, de telle nature et de telle vitesse : l'organe de la vue, par exemple, avec une certaine vitesse des vibrations de l'éther, et, par suite, avec les objets qui leur impriment cette vitesse entre des extrêmes au-dessus comme au-dessous desquelles on ne voit pas ; l'organe de l'ouïe, avec une certaine vitesse des vibrations de l'air ; et ainsi des autres.

Le goût nous donne les saveurs, l'odorat les odeurs, l'ouïe les sons ; la vue, par les couleurs et la lumière, nous fait connaître les surfaces ; le tact, par la résistance, le volume ou la solidité des corps. Notre corps nous met en rapport direct avec les objets corporels eux-mêmes par la main, la peau, les organes du tact, et aussi de l'odorat, du goût; il n'établit entre eux et nous, par les organes des autres sens, qu'un rapport indirect, à travers l'intermédiaire de l'air par l'ouïe, de l'éther par la vue. Les organes des sens nous permettent d'atteindre certains corps à l'exclusion des autres : nous touchons des corps plus ou moins denses : à un degré de densité moindre que celle des moins denses, nous ne toucherons pas; nous entendons des corps plus ou moins vibrants : un degré de plus ou de moins dans la vitesse des vibrations, nous n'entendrons pas; un degré de plus ou de moins dans la vitesse des ondulations de l'éther, nous ne verrons pas. Des corps peuvent exister inaperçus, insaisissables à nos organes; un monde invisible peut pénétrer ce monde visible, et remplir le vide apparent des espaces. Pour que nous puissions connaître les choses, il faut qu'elles soient en des conditions telles que leur présence affecte nos organes, et produise sur nos nerfs des impressions qui provoquent des sensations dans notre âme : notre âme ne demeure pas inerte, sous le coup de l'impression, dans une sensation toute passive, mais agit pour la reconnaître et la rapporter à son origine extérieure.

3. — Ce n'est pas le mouvement extérieur de l'organe affecté, ni même le mouvement du nerf à la suite, qui provoque la sensation : c'est le mouvement du cerveau. Tant que le mouvement n'est point parvenu de l'extrémité nerveuse au cerveau, la sensation ne se produit pas; et dès que le cerveau est mû, alors même que son mouvement ne dépend point de celui du nerf, la sensation a lieu. Un mouvement du cerveau qui

s'est produit en présence d'un corps peut se reproduire en son absence ; la sensation qui s'est produite se reproduira : on verra dans l'obscurité, on entendra dans le silence, on touchera dans le vide : on croira toucher, entendre, voir, en l'absence de tout objet : c'est ce qui vous arrive toutes les nuits dans vos rêves ; c'est ce qui arrive dans la veille même chez quelques malades, et qu'on appelle chez eux *hallucination*. Il en est ainsi quand la sensation illusoire d'un objet absent n'est pas moins vive que la sensation légitime des objets présents. Elle est moins vive dans la veille normale, étant due à des mouvements plus faibles du cerveau : vous distinguez sans peine, pendant que vous êtes éveillés, ce que vous voyez en vous-mêmes, dans votre esprit, et ce que vous voyez par vos yeux, la représentation qui se fait en vous des objets absents, et celle qui se fait en vous des objets présents : la sensation proprement dite, et la sensation reproduite, ou l'*image*.

4. — La faculté des images est l'*imagination*. Quand nous reconnaissons, pour l'avoir vue, entendue, touchée, la chose dont l'image est en nous, cette reconnaissance est le *souvenir;* la faculté du souvenir est la *mémoire*.

Aux *images* se lient très étroitement les *idées :* mais les images ne sont pas les idées, elles n'en sont que les signes. Prendre les images pour des idées, ou les idées pour des images, est une confusion fréquente, contre laquelle il faut se tenir en garde. La représentation mentale, sensation ou image, d'un arbre présent ou absent, suscite l'idée d'arbre : mais elle est d'un certain arbre, qui a un certain port, une certaine hauteur, une forme, une verdure particulière ; l'idée d'arbre ne convient pas moins à tout autre, qu'on ne se représente pas : l'objet de la représentation est un arbre, l'objet de l'idée est l'arbre. On se représente, on imagine, un triangle, qui sera, par exemple, isocèle : on entend le triangle, qui sera tout aussi bien d'une autre forme et d'une autre grandeur, même de toute grandeur quelconque et de toute forme, pourvu qu'elle réponde à la définition. Une idée se définit, et ne se représente pa On a l'images· d'un homme, l'idée de l'homme ; on a l'idée de la justice : quelle image en peut-on avoir? Thémis avec sa balance n'en est pas une image, mais un symbole ; pareillement le mot qui l'exprime : les mots sont des signes, et les images mêmes sont des signes. Mais comme les signes ne sont rien sans leurs idées, les idées aussi nous échappent sans leurs signes ; et nous ne pensons pas sans images.

Il y a d'autres images que la représentation des formes visibles : les formes tangibles, les formes sonores, les odeurs, les saveurs, tout se représente. Le gourmand a une image si vive de la saveur convoitée, qu'il en a l'*eau à la bouche*. Comment reconnaître un parfum, si l'on ne compare celui qu'on respire à celui qu'on a respiré, et à d'autres dont on le distingue ? ou comment faire cette comparaison, si, tandis qu'on respire le parfum, on ne se représente en même temps les autres? Il nous faut des représentations de ce qui est représentable ; il nous faut des mots pour ce qui ne l'est pas : peu à peu les mots remplacent les représentations, y suppléent, suffisent à tout : mais nous ne pensons pas sans nous représenter les mots, et, à défaut de l'image des choses, nous avons toujours celle des mots qui les expriment.

Si l'on se souvient, c'est qu'on a vu, entendu, touché, pensé, agi.

> Quiconque a beaucoup vu
> Peut avoir beaucoup retenu,

vous dit le fabuliste. On ne se souvient pas de ce qu'on a vu, mais d'avoir vu ; non de l'objet, mais de soi-même. C'est comme une conscience en arrière, par laquelle on se retrouve au passé. Notre mémoire nous donne à la fois notre durée et notre identité : c'est-à-dire que nous avons été ce que nous sommes, que notre être n'est pas d'un instant, que dans la succession des instants il demeure toujours le même ; que vous, qui êtes aujourd'hui, vous étiez hier, avant-hier, il y a huit jours, il y a dix ans, dès la première heure de vos souvenirs, présents à vous-mêmes depuis cette heure jusqu'à ce jour.

5. — Quand plusieurs mouvements se sont produits ensemble dans le cerveau, ils tendent à se reproduire ensemble ; si l'un se reproduit, les autres se reproduisent : comme ils provoquent des images, une image en appelle d'autres ; et comme aux images sont liées des idées, une idée en appelle d'autres : c'est l'*association des idées*, suite de l'association des images.

L'association des idées aide la mémoire : une idée

présente en rappelant d'autres, il suffit de les reconnaître pour qu'elles soient autant de souvenirs. Les principaux rapports selon lesquels s'associent les idées sont les rapports de cause à effet, de simultanéité ou de contiguité, de ressemblance ou de différence.

 La mémoire est favorisée et facilitée surtout par l'*attention :* de ce qu'on a vu sans le regarder, de ce qu'on a entendu sans l'écouter, on se souvient peu ; on retient bien, au contraire, ce qui a fixé l'esprit.

 La mémoire est plus ou moins *facile*, plus ou moins *fidèle*, plus ou moins *prompte :* on l'a facile, quand on retient aisément ; fidèle ou tenace, quand on retient longtemps, quand on garde ce qu'on a retenu ; prompte, quand on le retrouve sans peine et vite. Ces qualités de la mémoire sont séparables ; c'est même l'ordinaire que la facilité et la fidélité ne s'accompagnent pas. Il y a aussi plusieurs mémoires, suivant qu'on se rappelle mieux tel ou tel genre d'objets, des faits, des idées, des mots, des figures, des sons, etc. La mémoire est de toutes les facultés la plus susceptible d'être développée, fortifiée par l'exercice, perfectionnée par le travail.

 6. — Vous avez vu, mes amis, la mémoire aidée par l'association des idées, suite de l'association des images, due à l'imagination : cette faculté des images qui aide la mémoire, qui est une sorte de mémoire, qu'on appelle quelquefois mémoire imaginative, n'est pas la seule imagination de l'homme : il en est une autre, qui est la faculté de combiner des idées, de construire des images, de produire des œuvres : c'est

l'imagination active, distincte de la première toute passive : celle-ci représente, l'autre crée. Elle ne crée pas les images, ni les idées : elle crée les œuvres qu'elle en construit, œuvres d'industrie, œuvres d'art.

Entrez dans un chantier, voyez-y ramassées des pierres de dimensions et de formes diverses ; dans un autre, des pièces de bois ; en des magasins, des gonds, des serrures, des ferrements de toutes sortes. Tous ces objets y sont-ils par hasard? S'y sont-ils mis d'eux-mêmes? S'y sont-ils distribués, rangés, comme ils y sont, en bon ordre? Telles sont les images, telles sont les idées dans votre esprit. L'imagination passive ne vous présente qu'un pêle-mêle d'images, au hasard des mouvements du cerveau, auquel répond le hasard du rêve : une fois en possession des idées qu'elles suscitent en vous, vous les rangez, vous les distribuez, ici les ferrements, là les pièces de bois, ailleurs les pierres d'après leurs diverses tailles, toutes en bon ordre : ainsi vous rangez vos idées en espèces, en genres, ces genres en d'autres qui les embrassent, ces autres en d'autres : ce n'est pas encore l'imagination active, c'est la *classification*, opération compliquée, élevée, où vous déployez à un haut degré l'activité de votre intelligence.

Vienne maintenant l'architecte : il construit de tous ces matériaux un édifice. L'édifice construit est-il un simple résultat, purement naturel, des matériaux ? Non, certes : quelques-uns sont choisis parmi tous les autres pour être disposés selon un plan, dans un ordre conçu et voulu. Un résultat purement naturel des matériaux ne serait qu'un des résultats possibles ;

mais il y en a une infinité de possibles : celui qui a été réalisé l'a été par le génie de l'architecte. Mille architectes différents auraient conçu, voulu, produit mille résultats différents, également possibles, auraient tiré de ces matériaux, les mêmes pour tous, mille édifices : chacun eût fait le sien, qui eût empêché les autres, et qui eût eu son propre usage, sa destination, maison, halle, temple ou palais, avec ses caractères propres, selon le génie de l'artiste. Quelque chose est ici qui n'était pas dans les matériaux, qui doit son être à la pensée et à la volonté de l'artiste : ce ne sont pas les éléments de l'œuvre, c'est l'œuvre même. Cette œuvre est celle de l'imagination active, qu'on appelle aussi, et à juste titre, *créatrice :* car elle donne l'être à ce qui ne l'avait pas. Elle crée un édifice qui n'était pas dans les matériaux, une œuvre qui n'était pas dans les éléments ; qui, sans doute, ne serait pas sans eux, mais qui n'en résulte pas d'elle-même, et tire son être propre de la volonté qui l'a produite.

L'imagination créatrice combine ainsi tantôt des idées, tantôt des images, tantôt des images et des idées liées les unes aux autres, des idées exprimées par des images : elle est la faculté des inventeurs en industrie et en science comme en art, des grands savants, des philosophes, des poètes. Le savant même qui fait une découverte scientifique a d'abord imaginé ce qu'il reconnaît ensuite : il vérifie, mais d'abord il invente.

7. — Pour imaginer, pour classer, pour opérer sur des idées, il faut en avoir. On les forme par la géné-

ralisation, qui suppose la comparaison, l'abstraction, l'attention.

L'*attention* est l'application de l'activité à l'intelligence. C'est la première condition de toute connaissance, de toute pensée. Quand l'attention est libre, elle se porte spontanément sur tout ce qui la sollicite, et procure une connaissance d'ensemble, **générale, complète**, mais confuse et vague ; pour l'avoir **distincte et précise**, il faut fixer l'attention sur un point, mais alors on perd de vue le reste, et si la connaissance qui en résulte est nette, elle est particlle : on connaît bien un point ou un élément de la chose que l'on considère, on ne connaît pas la chose même. Il faut donc passer d'un point à un autre, d'un élément à un autre, se rendre attentif à tous tour à tour, en ayant soin de les rapporter les uns aux autres, et de reconstruire la chose ou de la recomposer en son unité totale à mesure qu'on l'a décomposée en ses parties. Cette décomposition et cette recomposition nécessaires des choses par la pensée sont appelées *analyse* et *synthèse*. L'attention fixée et concentrée sur un point ou un élément, sur un caractère de ce qu'on étudie, le détache des autres points, des autres éléments, des autres caractères inséparables, du tout qui est la chose même : c'est l'*abstraction*.

On rapproche les choses pour voir en quoi elles diffèrent, en quoi elles se ressemblent : c'est la *comparaison* ; et l'on réunit dans une même idée toutes les semblables : c'est la *généralisation*. Elle résulte de la comparaison, qui suppose l'abstraction : car on ne compare pas des objets considérés dans leur totalité, mais dans certains caractères qui sont le point de vue où l'esprit les envisage.

8. — Penser, c'est *juger;* Juger, c'est affirmer le rapport de deux idées, ou, plus simplement, affirmer quelque chose de quelque chose. De là deux termes : ce dont on affirme quelque chose, ou le *sujet*, et ce qu'on affirme du sujet, ou l'*attribut;* plus, un troisième terme qui est l'union des deux, le *verbe*. Tout jugement est affirmation, soit qu'il affirme, ou qu'il nie : car celui qui nie affirme le non. Le contraire de l'affirmation n'est pas la négation, mais le *doute*. Celui qui suspend son jugement par crainte d'erreur, n'affirme pas plus le non que le oui : dès qu'il se prononce, dès qu'il juge, que ce soit le oui ou le non, il affirme.

Quand sur la vérité donnée d'un ou de plusieurs jugements on fonde la vérité d'un autre, on *raisonne*. Ce qu'on fait de deux manières : ou bien on tire d'un jugement général un jugement particulier qu'il contenait : c'est la *déduction ;* ou bien on passe d'une série de jugements particuliers à un jugement général qui les embrasse, ou les résume, ou les explique : c'est l'*induction*.

9. — Mais pour induire, pour déduire, pour généraliser même et pour abstraire, pour faire les opérations, quelles qu'elles soient, de l'intelligence, il faut des principes régulateurs de ces opérations. Il en faut pour former les idées : car la conscience ni les sens ne nous donnent point des idées, mais des faits, des phénomènes; il en faut pour passer du phénomène à

l'être, pour affirmer l'être à l'occasion du phénomène : il y a des idées, qui sont les lois de la pensée, les conditions de la connaissance : ces idées, ces principes, ne sont donc pas dus aux sens ni à la conscience, à l'expérience impossible sans elles, à une connaissance antérieure qui n'a pu se produire que par leur concours, mais à la *raison*. La raison ne se ramène pas à l'expérience ; non plus que, dans l'expérience même, la conscience ne se ramène aux sens externes : les données de l'expérience ne sont que des phénomènes ; les données de la raison sont des principes régulateurs de la pensée, des idées sans lesquelles nous ne formerions aucune idée, sans lesquelles nous n'en pourrions avoir aucune.

Ces idées sont idées de rapports nécessaires, c'est-à-dire qui non seulement sont, mais ne peuvent pas ne pas être : l'idée de causalité, par exemple, ou le principe qu'il n'y a pas de phénomène sans cause, est celle d'un rapport entre deux termes, le phénomène et la cause, d'où il résulte que, si l'un existe, l'autre existe, si un phénomène est, il est par une cause. Ce qui est nécessaire, ce qui ne peut pas ne pas être, ce n'est point qu'un phénomène soit, mais que, s'il est, il soit par une cause. Il se peut que nul n'existe ; il ne se peut qu'un seul existe sans une cause qui l'ait fait être. Ce n'est donc point l'un ou l'autre terme du rapport qui est nécessaire, c'est le rapport. Et comme il est nécessairement, il est universellement, éternellement, c'est-à-dire en tout temps et en tout lieu ; il est absolument, c'est-à-dire indépendamment de toute condition, et par essence. Il règle toute intelligence, et ne dépend d'aucune intelligence, d'aucune volonté. L'idée en est de celles qui constituent la raison humaine, la raison divine, toute raison, et, en un mot (car il n'y a pas plusieurs raisons, mais une seule, régulatrice de toute intelligence), la raison. Ainsi le principe d'identité : « Ce qui est est », qu'on appelle aussi principe de contradiction : « Une même chose ne peut tout ensemble, sous le même rapport, être et n'être pas ; » « Deux quantités égales à une troisième sont égales entre elles » : c'est le principe qui permet de déduire : si un jugement général en contient d'autres, on les affirme par l'affirmation même qui est le jugement général, et il suffit de faire voir qu'ils y sont contenus. Ainsi le principe de raison suffisante : « Rien n'est sans une raison suffisante d'être ». Ainsi les principes de cause, de substance, etc. »

Ne me dites point, messieurs, que ces principes, s'ils constituent la raison, s'ils sont essentiels à l'intelligence, lui doivent être innés, et cependant ne le sont pas : ils le sont. Qu'ils doivent être présents à tous les esprits, et que beaucoup d'esprits les ignorent : ceux qui les ignorent les ont, et ne connaissent, ne pensent, ne raisonnent, que par eux. Les ignorants, les enfants, les simples, les ont à leur insu ; ces principes sont innés à des intelligences qui n'en ont pas conscience : qui ne les pensent pas, mais qui pensent par eux, qui pensent conformément à des lois de la pensée dont elles ne se rendent pas compte. A peine commenciez-vous à balbutier, que vous interrogiez vos parents, et leur demandiez à tout propos : Comment ? Pourquoi ? Vous saviez donc que toute chose a son comment, son pourquoi : qui vous l'avait appris ? Vous saviez que rien n'est sans une raison suffisante d'être : d'où le saviez-vous ? Par la nature même de votre intelligence, ou de la raison, dont vous participiez en votre qualité d'êtres intelligents. Mais vous le saviez sans savoir que vous le saviez, sans formuler le principe, sans être capables d'en entendre la formule (c'est à peine si vous en êtes capables aujourd'hui), sans vous rendre compte de vous-mêmes à vous-mêmes. Remontez plus haut encore : avant d'interroger personne, vous avez vu, entendu, touché, vous avez affirmé des objets qui n'étaient pas donnés à vos sens : des contacts, des couleurs, des formes, des sons, des sensations vous étaient donnés, non des objets, non des êtres : vous avez affirmé des objets, des êtres ; vous avez appliqué des idées de cause, de substance, etc. Si vous les avez appliquées, c'est que vous les aviez. Peu à peu, avec ces idées appliquées aux faits, aux phénomènes de toutes sortes, vous avez formé toutes les autres : celles-ci non plus nécessaires, mais contingentes, c'est-à-dire que leurs objets pourraient n'être pas, existent ici ou là, en tel lieu, en tel temps, non partout et toujours ; par quelque cause ou quelque condition de leur existence, non par essence et d'eux-mêmes : idées dites d'expérience. L'expérience ne vous les donne pas, elle ne vous donne que des phénomènes : c'est vous qui les formez en appliquant à ces données de l'expérience les données de l'intelligence même, les principes régulateurs de la raison.

C'était une maxime constante chez un assez grand nombre de philosophes, qu' « il n'y a rien dans l'entendement qui n'ait été auparavant dans le sens » ; — « Excepté l'entendement lui-même », répond un des plus considérables d'entre les philosophes modernes, Leibnitz. L'entendement n'est pas nu, ou, comme on l'a dit, « une table rase », une tablette vide, un papier blanc, que les objets couvriraient peu à peu de leurs propres traces; il est constitué par des idées qui sont les lois de toute pensée, par des principes qui sont les conditions de toute connaissance, qui sont l'intelligence même. Et comme il n'y a point connaissance de ce qui n'existe pas, comme il faut bien admettre que ce que l'on connaît existe en effet tel qu'on le connaît, et que le vrai, qui est l'objet de l'intelligence, n'est pas moins le caractère de l'être, il faut admettre que les principes de l'intelligence le sont aussi de l'être, que les conditions de la connaissance le sont aussi de l'existence, que les lois de la pensée sont les lois de la vérité, et les lois de la vérité celles de la nature et de l'esprit tout ensemble, faits l'un pour l'autre par un commun Auteur de l'un et de l'autre, Source unique d'où coulent parallèlement, s'accompagnant et se correspondant toujours, la Nature et l'Esprit.

CHAPITRE V

LA SENSIBILITÉ MORALE.

1. — Nous sommes affectés par des objets extérieurs, qui atteignent notre âme à travers nos organes ; nous sommes affectés par des objets intellectuels et moraux, sans que le jeu des organes y soit pour quelque chose : être affecté des uns est le fait de la *sensibilité physique;* être affecté des autres est le fait de la *sensibilité morale.* Ainsi, un soldat blessé meurt dans une victoire : il souffre de sa blessure et de sa mort, il est heureux de l'honneur du drapeau : sa souffrance est physique, son bonheur moral. Le broiement des chairs, le trouble des nerfs, le désordre des impressions portées au cerveau, provoquent en lui une horrible douleur, qu'il sent à peine dans la joie et l'extase du triomphe. Cette douleur en lui résulte d'un désordre de l'organisme, d'un mouvement du cerveau, d'une impression : d'où résulte en lui cette joie, sinon d'une disposition propre de son âme ? Cette joie est un *sentiment;* et cette disposition de son âme est aussi un sentiment : le sentiment s'oppose à l'appétit comme il s'oppose à la sensation.

On divise les dispositions de l'âme, ou les inclinations de la sensibilité morale avec les sentiments qui s'y rapportent, en trois groupes principaux : inclinations *personnelles,* inclinations *sociales,* inclinations *supérieures.*

2. — Les inclinations personnelles sont les sortes ou les formes diverses de l'amour de nous-mêmes : amour de notre propre excellence, amour de la domination. Nous aimons à ne relever que de nous, à être par nous-mêmes tout ce dont nous sommes capables, à être parfaits ; à ces sentiments, aspects multiples d'un même sentiment, se rattachent l'estime de soi, la présomption, l'amour de la gloire, et s'opposent l'humilité, la modestie, la défiance. Et nous aimons à faire relever les autres de nous, à les commander, à les régenter, à exercer l'empire.

3. — Les inclinations sociales sont les sortes ou les formes diverses de l'amour d'autrui. Nous aimons naturellement les autres, et voulons leur bien, quand il ne contrarie pas le nôtre. Entre le bien d'autrui et le nôtre, c'est le nôtre, s'il faut choisir, que nous préférons généralement ; mais quand ils ne sont pas contraires, nous aimons le nôtre, sans doute, mais nous aimons aussi le leur. Nous aimons l'humanité ; nous aimons plus étroitement, dans cette grande société des hommes, des sociétés particulières, notre patrie, notre famille ; nous aimons des sociétés plus particulières encore, quelquefois un ami choisi entre tous les hommes. L'amour de l'humanité est d'abord l'instinct de sociabilité, qui groupe les hommes ; c'est ensuite la philanthropie, la sympathie, la pitié, la bienveillance. N'est-il pas vrai que vous ne pouvez voir souffrir un homme sans être ému de sa douleur ? Et votre pitié s'étend jusqu'à la douleur des animaux. N'est-il pas vrai que vous vous mettez en quelque sorte à la place

d'autrui, pour jouir de plaisirs ou souffrir de peines qui ne sont pas les vôtres ? Mais la sympathie les rend vôtres. Quand vous lisez un roman, quand vous assistez à un drame, vous revivez la vie du héros, vous ressentez ce qu'il sent, heureux de son bonheur, malheureux de son malheur, épris de ses amours, de ses haines, de ses colères, de ses vengeances, de ses héroïsmes : de là l'intérêt que vous y prenez ; de là l'influence prodigieuse de telles œuvres, salutaires ou funestes, qui relèvent ou rabaissent les âmes, selon que la vie qu'elles donnent à revivre est une haute et noble vie, ou vile, grossière et basse. La sympathie engendre la bienveillance : on veut du bien à ceux dont on ne peut voir le mal sans en souffrir soi-même. Cependant les sentiments contraires existent : il y a des malveillants, il y a des hommes qui sont malheureux du bonheur des autres, heureux de leur malheur ; ces misérables (car comment qualifier de tels hommes ? et comment comprendre l'existence même d'une telle perversion de cœur?) ne veulent pas le bien d'autrui, mais le mal. Pourquoi faut-il qu'ils ne soient pas rares ? L'homme est ainsi fait, qu'il réunit souvent les sentiments les plus contradictoires, et que dans une même âme on en rencontre, à côté des plus vils, de nobles et généreux. De ce nombre est le patriotisme. De ce nombre est encore l'amour de la famille : amour du mari pour la femme et de la femme pour le mari, amour du père et de la mère pour les enfants, amour filial, amour fraternel. Ces sentiments débordent l'enceinte de la famille étroite, et s'étendent au delà, des enfants aux petits-enfants et aux neveux, des parents aux aïeux et aux oncles, des frères aux cousins. Ils embrassent des étrangers dont on se fait une famille de choix, non moins chère pour beaucoup que la famille naturelle, et qui pour quelques-uns la supplée : le régiment, l'Eglise, un corps dont on est membre ; et l'esprit de famille devient l'esprit de corps. L'amitié enfin est une forme, et des plus touchantes, de l'amour d'autrui : un ami est un frère d'élection, plus cher, bien souvent, qu'un vrai frère.

<blockquote>Un frère est un ami donné par la nature.</blockquote>

C'est un beau vers, et l'on aime un frère ; mais un ami est un frère qu'on s'est donné soi-même. Je ne vous parle pas de l'amitié d'intérêt, pure société d'utilité réciproque, commune chez les hommes, et qui a son principe dans l'amour de soi, non dans l'amour d'autrui ; ni de l'amitié de plaisir, commune chez les jeunes gens : mais de cette amitié dont votre Lafontaine vous entretient avec tant de charme :

<blockquote>Qu'un ami véritable est une douce chose !
Il cherche vos besoins au fond de votre cœur ;</blockquote>

et le poète vous en peint deux vrais, qui vivaient, dit-il, « au Monomotapa ». Il n'a pu les trouver plus près pour vous les peindre.

4. — Les inclinations supérieures ne se rapportent ni à nous-mêmes ni aux autres hommes, mais à ce qui est au-dessus de l'homme : c'est l'amour du vrai, auquel se rattachent le plaisir de l'étude, le goût des

sciences, l'ardeur des recherches, la philosophie ; c'est l'amour du beau, auquel se rattachent l'admiration des grands spectacles, le goût des arts, la poésie ; l'amour du bien, auquel se rattachent l'estime de la bonne conduite et le mépris de la mauvaise, le respect du juste, l'indignation contre l'injuste, le contentement de la conscience pure, le remords ; l'amour de Dieu, où tous les sentiments supérieurs se ramènent et se résument dans l'adoration. L'amour de Dieu est le sentiment religieux ; l'amour du bien, le sentiment moral ; l'amour du beau, le sentiment esthétique. L'amour du vrai n'a pas de nom.

La sensibilité est amour : à la base, amour de soi ; amour de Dieu au faîte : amour qui part de notre propre être, actuel et fini, pour s'épanouir dans l'être idéal, dans l'infini, dans le parfait, dans le suprême bien.

CHAPITRE VI

LA VOLONTÉ

1. — Toute faculté est active ; et c'est pourquoi elle est faculté. Nous l'avons reconnu dès le commencement : se mouvoir est agir, penser est agir, sentir même est agir ; qu'on produise des actes en soi ou hors de soi, l'on agit. Considérons aujourd'hui l'activité en elle-même.

Nous connaissons l'instinct, et un peu l'habitude. Nous ne reviendrons pas sur l'instinct. L'habitude est comme un instinct produit en nous par nous, par notre activité propre.

Quand nous agissons par instinct, nous n'agissons point par nous-mêmes, nous n'agissons point véritablement nous-mêmes : c'est la nature qui agit par nous. Nous sommes le siège d'une activité dont nous ne sommes pas le principe. Quand nous agissons par habitude, il en est à peu près de même, et il en serait de même, si nous agissions par une parfaite habitude : de même, dis-je, sauf que la nature qui agit alors par nous, c'est nous qui nous la sommes faite.

Nous agissons aussi de nous-mêmes. Nous sommes le principe d'une activité, qui se manifeste par des actes vraiment nôtres : actes que nous nous imputons, dont nous nous sentons responsables, actes libres. Cette activité libre est la *volonté*.

2. — Nous nous proposons une action à faire, pour un but que nous concevons, avec les moyens de l'atteindre. Nous avons des motifs de nous la proposer ; nous avons d'autres motifs contraires à ceux-là ; nous avons encore des sentiments, des mobiles divers, qui nous y portent, qui nous en détournent. Nous délibérons si nous ferons l'action, ou non ; nous concluons que nous avons à la faire, ou à ne pas la faire, à la vouloir, ou à ne pas la vouloir : nous voulons, nous agissons ; et notre action aboutit ou n'aboutit pas.

Examinons tous ces points.

La conception d'une action à faire, du but et des moyens ; celle des motifs pour ou contre ; la délibération, la conclusion de la délibération, tout cela est de l'intelligence, non de la volonté. Les motifs sont dans l'intelligence, les mobiles dans la sensibilité. L'exécution extérieure, le succès de l'action, qui aboutit ou n'aboutit pas, dépend du pouvoir, non du vouloir. Mais après la conclusion de la délibération et avant l'exécution proprement dite, se place un acte singulier, d'un caractère unique, la résolution, la détermination que l'on prend, avec l'effort qui en est la suite : cet acte est le vouloir même. Le vouloir n'est que cela. Il n'est pas le faire, il a pour objet le faire ; il n'est pas la conception de ce qui est à faire, ni la délibération si on le fera, ni même la conclusion de la délibération : il en est précédé sans qu'il en résulte : car, comme on peut vouloir conformément, on peut vouloir aussi contrairement, à ce qu'on a conclu. Vous délibérez si vous ferez un travail pénible ; vous concluez que vous le ferez, puisqu'il est à faire : et vous ne le faites pas. La paresse l'emporte. Un homme qui a subi un affront délibère s'il se vengera, conclut qu'il ne se vengera pas, se commande en quelque sorte le pardon de l'injure : et il se venge. Le vouloir est l'acte de se déterminer, de se résoudre, de faire effort : il n'est que cela; mais, étant cela, il est de la plus grande conséquence. C'est sur le caractère de cet acte que repose, avec l'imputabilité de notre conduite, la morale tout entière.

Imaginez un gouvernement où un pouvoir fait la loi, où un autre l'exécute. La Chambre pèse les motifs et les considérants d'une loi, favorables, contraires ; elle délibère, elle vote. Le pouvoir exécutif accomplit la loi, dans la mesure de la force dont il dispose : le vote ne lui appartient pas, l'exécution du vote ne dépend pas toujours de lui : il dépend de lui de se conformer au vote, ou non. Il se peut qu'il s'y conforme, il se peut qu'il ne s'y conforme pas. Telle est la volonté : il se peut qu'elle se conforme au vote de l'intelligence, ou qu'elle s'y dérobe : elle est libre.

3. — Le caractère du vouloir est d'être *libre*, c'est-à-dire de se déterminer lui-même. L'intelligence, la sensibilité, sont déterminées ; la volonté se détermine. Elle est maîtresse de son vouloir ; l'intelligence n'est point maîtresse de son intuition, ni la sensibilité de son désir. La volonté n'est point le désir, qu'elle peut combattre ; le désir, dont l'homme n'est pas maître, tandis qu'il est maître de son vouloir.

Elle ne se détermine pas sans motifs ; mais les motifs ne la déterminent pas : c'est elle qui se détermine selon les motifs qui l'éclairent. La liberté est la puissance de se résoudre à une action à l'exclusion de toute autre à laquelle on pourrait également se résoudre ; la puissance de choisir, entre plusieurs actions à faire, celle qu'on fera : mais le choix suppose une raison de choix : loin que le motif et la liberté soient incompatibles, loin qu'il y ait lieu d'anéantir la liberté au nom du motif qui, déterminant le vouloir, le rendrait nécessaire, le motif s'adresse à la liberté, qui le suppose. Ôtez la liberté, le motif ne sera pas une raison, une lumière, mais une force ; et ôtez le motif, la liberté, puissance de choisir, n'ayant plus de raison de choisir, n'aura plus de raison d'être.

· Nous parlons, ne l'oubliez pas, d'un caractère de la volonté, qui ne saurait se perdre qu'avec la volonté même : non point de la liberté physique, ou politique, ou civile, ou nationale, d'aucune liberté extérieure, mais d'une liberté intérieure qui ne fait jamais défaut à l'âme : la liberté morale, le libre-arbitre. Est libre qui ne dépend que de soi : celui qui extérieurement dépend de forces qui le maîtrisent, un peuple assujetti à l'étranger, ou à un despote, un esclave, un homme aux fers, n'est pas libre extérieurement : il est libre intérieurement, parce qu'au dedans de soi il ne dépend que de soi seul. Mille influences le sollicitent, nulle nécessité ne le contraint : il tient dans sa main tout son vouloir.

4. — On doute de cette liberté morale ? C'est douter, vous le savez déjà, de la morale même. On la nie ? c'est nier la morale. Mais sur quoi ceux qui nient fondent-ils leur négation ; ceux qui doutent leur doute ?

Sur ce que nous ne faisons pas ce que nous voulons ? Nous sommes libres de vouloir ce que nous ne sommes pas en puissance de faire. Le faire n'est pas le vouloir, mais l'objet du vouloir ; et ce n'est pas le faire qui est libre, c'est le vouloir.

Sur ce que nos penchants, notre tempérament, mille influences, déterminent à notre insu notre vouloir ? Ces influences le sollicitent, elles ne le déterminent pas. Encore une fois, la volonté ne se détermine pas sans motifs : elle se détermine d'après des motifs, mais elle-même.

Sur ce que les motifs sont des poids, dont le plus fort fait pencher le plateau de la balance ? Il n'y a là qu'une comparaison, qui serait ingénieuse, si elle était juste. Celui qui nie le libre arbitre en expliquera par cette comparaison l'apparence, qu'il ne peut nier : je lui demande sur quoi il se fonde pour nier le libre arbitre.

Sur ce que la prescience divine, ou la Providence, ou la loi suprême des choses, règle tout de toute éternité selon un ordre inflexible que le moindre dérangement, le moindre écart, mettrait en défaut? Nous connaissons le libre arbitre avant de connaître la Providence ou la prescience divine, et la loi morale, qui le requiert, avant de connaître une prétendue loi des choses qui anéantirait l'une avec l'autre. Que diriez-vous d'un philosophe qui mettrait en question une vérité d'expérience et de science, de physique par exemple, en s'appuyant sur quelque théorie de l'univers, ou de Dieu? Vous lui répondriez qu'il ignore l'univers, que la nature de Dieu est un grand mystère, que le rapport de Dieu au monde en est un autre, et qu'il éclaircira quand il pourra ces obscurs problèmes ; qu'en attendant il doit tenir ferme ce que l'expérience lui donne. Répondez à celui qui nie le libre arbitre parce qu'il n'en trouve pas la place dans le déterminisme universel des choses, que ce déterminisme est une question, non le libre arbitre : que ces deux termes ne sont peut-être pas incompatibles ; que, s'ils sont incompatibles, si l'affirmation de l'un emporte la négation de l'autre, ce n'est point le libre arbitre qu'il faudrait nier. De même, s'il ne pouvait s'accorder avec la prescience divine : ou bien, en des profondeurs que nous n'atteignons pas, cet accord existe, et l'objection tombe ; ou cet accord n'existe point, et nous nous trompons sur la prescience divine, mais non sur le libre arbitre.

Sur quoi se fonde-t-on encore pour le nier? Sur ce que la pensée est un mouvement du cerveau, la volonté un produit de l'organisme? Produit nécessaire, mouvement qui résulte inévitablement de mouvements antérieurs? Mais où a-t-on pris cela? Cette doctrine, fort à la mode, n'est qu'une hypothèse, et la plus vaine des hypothèses ; bien loin qu'elle puisse être invoquée contre le libre arbitre, c'est le libre arbitre, dont la certitude est immédiate, qu'il convient d'invoquer contre une hypothèse qui le détruit.

5. — Mais le libre arbitre est-il certain à ce point? Est-il vrai que la certitude en soit immédiate? Oui. Ce n'est pas le raisonnement, c'est le sentiment qui nous le donne. Nous nous sentons libres : il suffit. Nous nous imputons les actes de notre volonté : donc ils sont nôtres, et d'une volonté libre. En faut-il davantage? Quand vous déclarez vert le feuillage des arbres, quelle preuve en avez-vous, sinon que vous le voyez? C'est une manière de sentir, et vous en croyez vos sens. Pourquoi le sentiment du libre serait-il une illusion, plus que celui du vert, ou tout autre? On compare l'âme humaine à une girouette qui, se sentant tourner,

croirait se tourner elle-même. Toujours des comparaisons ! Celle-ci peut-être serait bonne, s'il s'agissait d'expliquer l'illusion d'une âme qui se croirait libre et ne le serait pas : c'est que, sentant son mouvement, elle ne sentirait pas l'impulsion qui la meut, comme la girouette, se sentant tourner, ne sentirait pas le vent qui la tourne. Mais que vaut la comparaison, si le sentiment du libre n'est pas illusoire ? Et pourquoi le serait-il ? L'image même n'est pas exacte : une girouette qui se sentirait tourner ne se sentirait pas se tourner : l'âme se sent se déterminer elle-même, agir d'elle-même. Il y a des actes qu'elle s'impute, et des actes qu'elle ne s'impute pas ; elle distingue les uns des autres, reconnaît quand elle agit d'elle-même ou quand elle agit sous une impulsion, ne confond pas l'action de l'organisme, ou de la nature, ou de l'instinct, avec la sienne propre ; le sentiment qu'elle a de celle-ci est précis, net, positif : ce n'est pas l'ignorance de la cause de son vouloir, c'est l'affirmation d'une cause de son vouloir, qui est elle-même ; c'est l'intuition d'une action, forme d'une activité dont elle n'est pas le siège, mais le principe. La conscience par laquelle on s'attribue certains actes est la même, et vaut au même titre, que celle par laquelle on se rapporte certains faits, les phénomènes du moi.

Pourquoi, si vous n'êtes point libres, si vous n'êtes point les maîtres, je ne dis pas d'exécuter ce que vous voulez, mais de le vouloir, je ne dis pas d'un agir externe, mais d'un agir interne qui est votre action propre, votre effort, pourquoi vous imputez-vous des actes qui ne sont point véritablement vôtres? Ou pourquoi, si vous n'en êtes pas responsables, vous applaudissez-vous des uns, vous reprochez-vous les autres ? Pourquoi ce contentement de vous-mêmes après que vous avez bien agi, ce remords après que vous avez mal agi, si, n'agissant point de vous-mêmes, vous n'agissez ni bien ni mal? Le bien et le mal, si vous n'êtes pas vous-mêmes le principe qui vous fait agir, ne sont pas de vous, mais de ce principe. Pourquoi l'estime et le mépris? Que signifient l'indignation et l'admiration? A qui donnez-vous des conseils que nul n'aura puissance de suivre, à qui adressez-vous des prières qui ne seront pas entendues? Les vaines promesses, que vous ne pourrez tenir, puisque votre conduite ne dépend pas de vous ! Et les vaines menaces, à des automates qui ne disposent pas d'eux ! Quoi ! des lois et des contrats, une justice et des tribunaux, pour des êtres qui n'ont point le gouvernement d'eux-mêmes ? Des peines pour des crimes dont on est le fatal instrument, non le libre et responsable auteur? Prenez-y garde! C'est sur la responsabilité des actes, sur le sentiment du libre arbitre, que repose tout entière la vie morale du genre humain. Le genre humain a-t-il tort, et la vie morale, qui est la vie humaine, est-elle un rêve, une illusion, un délire? N'y a-t-il que la vie inférieure de la bête qui soit légitime? Entre le genre humain et une poignée de systématiques, dont le sentiment, d'ailleurs, contraire à leur doctrine, est d'accord avec le genre humain, quel sera votre choix ? Lequel des deux penserez-vous, que le genre humain est fou, ou que les systématiques se trompent? Aurez-vous l'orgueil de les faire prévaloir sur l'humanité, décrétée de folie pour leur complaire? Il en résulterait, si elle était raisonnable, qu'ils ne le sont pas : et c'est ce qu'ils ne peuvent admettre. L'humanité d'un côté, eux de l'autre : de quel côté est la vérité? Ils n'hésitent pas : c'est du leur.

Encore s'ils avaient quelque preuve contre le libre arbitre! Ils n'en ont aucune autre, que la vérité présumée d'une hypothèse. Illusoire ou non, ils ont eux-mêmes le sentiment d'être libres : invincible, universel, donc légitime et vrai. Ne se demandent-ils pas sans cesse, à tout propos, quel parti prendre? Quand ils s'interrogent ainsi, ils se croient alors le pouvoir de choisir entre plusieurs partis, ils se croient libres. C'est que la réalité l'emporte dans leur vie, comme l'hypothèse dans leurs chaires et dans leurs livres. Leur propre sentiment, avec le genre humain, est contre eux : c'est le genre humain, c'est leur propre sentiment, qui aura tort, mais leur hypothèse, non?

En présence d'un fait, il n'est hypothèse qui tienne. Comment se prouve un fait? Il se voit, il se touche, il se sent. C'est un fait que nous sommes libres. Qu'en savons-nous, et quelle preuve en avons-nous? Nous nous imputons, dans la conscience que nous en avons, certains actes ; nous nous sentons responsables de notre conduite : nous nous sentons libres. Qu'en savons-nous, encore une fois? Nous le voyons.

6. — **La volonté a pour objet l'action** : elle choisit l'action, et la commence. Il en résulte un mouvement,

interne ou externe : mouvement du cerveau dans la pensée, mouvement des membres et du corps dans l'exécution d'une résolution prise. Les mouvements ainsi produits tendent à se reproduire, et peu à peu se reproduisent d'eux-mêmes, en dehors de la volonté, en dehors de la conscience : ils deviennent comme instinctifs. C'est l'*habitude*. Nous en avons parlé en même temps que de l'instinct. On dit que l'habitude est une seconde nature, on pourrait dire que la nature est une première habitude : nos habitudes se transmettent, et sont chez nos enfants des penchants naturels, des instincts. La différence fondamentale entre l'instinct et l'habitude, c'est que nous tenons l'un de notre naissance, tandis que nous formons l'autre. L'habitude est notre œuvre; l'instinct, non. Nous ne sommes pas responsables de nos instincts, qui, fussent-ils dus à la volonté de nos pères, ne le sont point à la nôtre ; nous sommes responsables de nos habitudes. Des mouvements qui se produisent en nous sans nous, pour le bien ou pour le mal, ont beau échapper à notre volonté, à notre conscience même, ils n'en sont pas moins nôtres, s'ils résultent de volontés antérieures.

L'habitude, qui rend la volonté plus facile et plus prompte, affaiblit la sensibilité : non les inclinations, qu'elle fortifie au contraire, mais les sensations et les sentiments, qu'elle émousse. « Qui a bu boira », dit le proverbe ; et l'ivrogne qui ne peut plus s'empêcher de boire, n'a plus de plaisir à boire. Une odeur qui saisit d'abord, cesse peu à peu, si l'on continue de la respirer, d'affecter l'odorat. C'est une autre espèce d'habitude, appelée *passive*, qui n'a de rapport avec l'habitude *active* que l'inconscience à la suite de la continuité ou de la répétition.

CHAPITRE VII

SPIRITUALITÉ DE L'AME

L'âme est un être. Elle n'est pas le corps. Elle n'est pas un corps. Elle est un esprit : c'est-à-dire une activité consciente de son action, une puissance d'actes conscients.

L'âme est un être : elle est l'être même de l'homme, elle est le *moi*. Pour bien comprendre ce qu'elle n'est pas et ce qu'elle est, pour bien voir si elle est une forme du corps vivant, ou si elle en est distincte et séparable, si l'homme est un corps vivant et pensant, ou s'il est une âme unie à un corps vivant mais ne pensant pas, un corps ayant une âme ou une âme ayant un corps, si, corps et âme selon qu'on le considère sous un aspect ou sous un autre, lui-même est un corps dont l'âme ne serait que la manifestation supérieure ou une âme dont le corps ne serait que l'instrument naturel et comme le premier milieu, il faut, quand on parle de l'âme, parler de soi-même, et à la première personne.

1. — Je commande à mon corps : il me sert ou me résiste. Distinct de moi, s'il m'est soumis, comme le

serviteur l'est du maître; plus visiblement distinct, s'il m'est rebelle. Sans doute je dépends de lui, et suis assujetti à des conditions de son existence : mais le maître n'est-il pas assujetti aux conditions d'existence de son serviteur? ou le musicien, de son instrument? Encore faudra-t-il que le violoniste maintienne son violon dans les conditions de sa valeur instrumentale, et se conforme aux exigences de l'instrument dont il joue, pour qu'il en puisse jouer. Cette dépendance réciproque de mon corps et de moi-même nous oppose l'un à l'autre en même temps qu'elle nous unit l'un à l'autre en un concours pour une fin, qui n'est pas celle de mon corps, mais la mienne.

J'ai comparé, Messieurs, l'âme à un musicien, et le corps à l'instrument dont il joue. On a fait une comparaison semblable, du corps à un instrument de musique : l'âme était la musique. Le corps est la lyre, et l'âme l'harmonie. — Une harmonie en lutte avec les cordes mêmes dont elle n'est que la résonance? Car l'âme est souvent en lutte avec le corps. Un combat de l'harmonie contre la lyre? Le comprenez-vous, Messieurs? Mais, soit : nous avons l'instrument, et la musique : on n'a oublié que le musicien. Oui, le corps est une lyre; la vie consciente sera, si l'on veut, le chant de la lyre : où est le chanteur? et quel est-il, sinon l'âme, l'être conscient, le moi? C'est moi le chanteur; je chante sur ma lyre un chant que je ne produirais pas sans elle : mais le produirait-elle sans moi? Ma lyre brisée, je ne ferai plus entendre ce chant; peut-être en ferai-je entendre d'autres, sur d'autres lyres.

Ma vie consciente ne serait pas ce qu'elle est sans le corps qui me provoque à sentir, à penser, à vouloir, dans telles conditions, à prendre conscience de moi-même sous telle forme, non sous d'autres ; il sollicite, il détermine, si l'on veut, et dans tous les cas il circonscrit, il borne, il mesure l'exercice de mon activité : il ne la crée pas. La conscience que j'ai de moi-même, sans un corps, ne serait pas ce qu'elle est ; mais sans un principe d'activité consciente, serait-elle ? Un corps pourra-t-il, sans aucun autre élément, produire la conscience ? Ne faudra-t-il pas un autre facteur ? Les corps inanimés sont inconscients ; certains corps vivants, tels que les végétaux, semblent l'être : si donc, avec la vie de certains autres corps, on trouve la conscience, si les corps animés, tels que les animaux, présentent des êtres conscients, c'est en vertu d'un principe qui les anime, distinct d'eux. Ils ne la produisent pas, ou ne suffisent pas à la produire : ils concourent à la produire avec un autre facteur, qui est l'âme. Et c'est le facteur principal : car c'est le conscient ; et l'inconscient n'existe pas pour soi-même. Je ne suis pas une conscience : je suis un principe de conscience, un être capable de conscience, un conscient sous des conditions déterminées.

Si nécessaire que soit mon corps aux manifestations de mon être, il n'en est que l'instrument ; j'ai besoin de mon corps, je ne suis pas mon corps. Mon corps et moi nous sommes deux.

2. — Je me connais, et je ne connais pas mon corps : c'est-à-dire, je me connais par une conscience directe

de moi, je ne connais mon corps que dans les sensations, faits de conscience, phénomènes du moi, qui me le donnent, et que je lui rapporte comme à leur cause. Nul ne me connaît que moi, je ne suis visible qu'à moi seul : car qui connaît mes pensées ou mes sentiments, que ce que je veux bien ou peux lui en dire? D'autres que moi connaissent mon corps : il est visible à autrui, et plus à autrui qu'à moi-même. Mon corps est pour moi, comme pour autrui, objet de connaissance par les sens externes, indirecte, extérieure, très imparfaite. Il est vrai que j'en ai une autre connaissance, intérieure celle-ci, mais encore indirecte : si je le vois comme un corps étranger, je le sens d'une autre manière, toute particulière, où il m'est donné mien; un sens qu'on appelle *vital* me le donne seul entre tous les corps, et ne le donne qu'à moi seul : non plus un corps, mais mon corps. Si j'ai mal quelque part, à la jambe, à la tête, c'est ma tête que je sens, ou ma jambe, non celle d'un autre; et nul autre que moi ne la sent. D'autres ont la sensation visuelle de mon corps, comme j'ai la sensation visuelle du corps d'autrui ; je n'ai pas la sensation vitale du corps d'autrui, moi seul j'ai la sensation vitale du mien. Il est vrai : mais la sensation vitale que j'ai de mon corps n'est encore qu'une sensation, non une conscience. Je n'ai pas conscience de ma tête ou de ma jambe que je sens, mais de la sensation provoquée en moi par un état de ma tête ou de ma jambe. Je ne connais pas mes membres, ni les parties de mon corps, mais des sensations dues au jeu des nerfs qui en partent : les tissus modifiés, les nerfs excités, le cerveau atteint par leur mouvement, je sens : j'ai conscience de la sensation, non du mouvement, ni du cerveau, ni des nerfs, ni des tissus. Je n'ai donc, par le sens vital comme par les sens externes, je n'ai jamais de mon corps qu'une connaissance indirecte ; j'ai une connaissance directe de moi-même. J'ai conscience de moi, je n'ai pas conscience de mon corps. Donc je ne suis pas mon corps.

La sensation est un fait de conscience. Dans ce fait est donné, avec le moi, le non-moi. C'est moi qui sens, mais non par mon action propre ; je sens en vertu de quelque chose, autre que moi, qui me fait sentir. Donc ce que je connais par les sens, sens externes ou sens vital, n'est pas moi. Je ne puis me connaître que par ma conscience, je ne suis donné à moi-même que dans ma conscience ; tout ce qui m'est donné ailleurs que dans ma conscience, tout ce que je connais autrement que par ma conscience, est autre que moi. Donc mon corps, qui m'est donné ailleurs que dans ma conscience, qui m'est donné comme objet de sensation, et que je connais par les sens, n'est pas moi ; je ne suis pas mon corps.

3. — Quand je veux mouvoir mon corps, j'ai conscience d'un effort nécessaire. J'agis sur quelque chose qui me résiste. Si je n'étais pas distinct de mon corps, mon effort serait de mon corps sur les corps extérieurs ; il ne serait pas de mouvoir mon corps, mais d'agir par mon corps sur d'autres. Il est de mouvoir mon corps. Il n'est pas de mon corps sur d'autres,

mais de moi sur mon corps. C'est lui qui, quand je le meus, cède avec plus ou moins de résistance à mon action. Donc il n'est pas moi, et je ne suis pas mon corps.

4. — Mon corps est un mécanisme dont les rouages s'engrènent les uns dans les autres pour former un système ; il se compose de plusieurs parties, liées solidairement et néanmoins distinctes. Tout ce qui se passe dans les tissus, os, peau, chairs, artères, veines, etc., m'échappe, tant que l'appareil nerveux ne fonctionne pas. Que le mouvement des nerfs dits *sensitifs*, qui portent l'excitation de l'extrémité au centre, soit suspendu, je ne sentirai rien ; que le mouvement des nerfs dits *moteurs*, qui portent l'innervation du centre aux muscles, soit suspendu, je ne remuerai rien : insensible, immobile, semblable à un cadavre, dans une paralysie totale de l'appareil nerveux, mon corps, en dehors de cet appareil, m'est étranger ; il n'est mien qu'autant qu'il est en communication avec moi, soit que je le remue ou que je sente ce qui s'y passe, par l'appareil nerveux. Cet appareil même n'est pas encore moi : que le mouvement, s'il vient au centre, s'arrête avant d'y arriver, je ne sens pas, ou, s'il en part, s'arrête avant d'arriver aux muscles, je ne remue pas. Il établit la communication entre le reste de mon corps et moi, comme, par ce corps même, entre le monde extérieur et moi : une matière visible, tangible, au milieu de laquelle va et vient une portion qui en est détachée pour m'être attachée à moi-même par un appareil nerveux, qui l'unit à moi, et par elle me met en

rapport avec le monde. Donc, ni la matière, ni cette portion de matière, ni l'appareil nerveux n'est moi, et je ne suis pas mon corps.

5. — Mon corps vit. Sa vie est un système de mouvements qui en résultent et qui la produisent : digestion, absorption, sécrétions, excrétions, circulation du sang, etc. Sans cesse de nouvelles molécules viennent prendre la place de vieilles et usées qui s'en vont : c'est le *tourbillon vital*. Ces mouvements s'accomplissent hors de ma conscience, hors de moi. D'autres arrivent à moi, et je sens ; ou partent de moi, et je meus. Je suis donc le centre d'où partent ceux-ci, où arrivent ceux-là, hors du cercle des mouvements vitaux : je ne suis donc pas les mouvements qui arrivent à moi ou qui partent de moi, ni les mouvements vitaux qui forment un cercle hors de ma conscience, ni le lieu de ces mouvements, ni la masse des molécules en mouvement : je ne suis donc pas mon corps.

Figurez-vous un appareil télégraphique : les fils, tendus sur des poteaux, transmettent l'électricité les uns de la frontière au centre, les autres du centre à la frontière ; l'électricité ne se retourne pas au centre des uns aux autres, mais c'est l'homme qui, du centre où il est assis, est instruit par celle que les uns lui portent de la frontière, et, par celle que les autres emportent à la frontière, donne ses ordres. Ainsi des nerfs : les uns m'informent du dehors, par les autres j'agis sur le dehors ; tout mon corps n'est qu'un appareil d'information et d'action. Je suis au centre, moi, l'homme, moi, être conscient, âme, qu'il est aussi ridicule de confondre avec les nerfs et avec le corps, que le télégraphiste avec les fils télégraphiques ou avec les poteaux. Il est vrai que l'appareil télégraphique ne vit pas, c'est-à-dire que la matière ne s'en renouvelle pas : car la vie n'est pas autre chose. Il est d'une matière stable ; le corps vivant, d'une matière instable, matière vivante : mais c'est le corps qui vit, l'âme pense.

6. — Je ne suis pas mon corps. Suis-je un corps ? Moi, âme qui pense moyennant un corps qui vit mais ne pense pas, moi pensant uni à un corps vivant, suis-je de nature corporelle ? L'âme que je suis, est-elle quelque chose de ce corps vivant ? Je ne suis pas mon corps ; mais suis-je une partie et comme une maîtresse pièce de mon corps, un noyau cérébral, par exemple ? Un centre nerveux ?

La matière de mon corps a été renouvelée plusieurs fois depuis que je suis au monde. Semblable à un édifice dont il ne reste pas pierre sur pierre, il ne reste pas de mon ancien corps molécule sur molécule : les pierres de l'édifice ont été remplacées une à une, en sorte qu'il change peu dans son aspect, et par degrés insensibles, lentement, régulièrement : il conserve sa forme générale, il ne conserve pas sa matière. Pour moi, du temps de mon ancien corps, qui n'est plus, j'étais, et je suis demeuré toujours le même. J'étais, car je me souviens d'avoir été : d'avoir pensé, senti, voulu, comme je veux, comme je sens, comme je pense. Comme je me reconnais dans ma conscience, je me reconnais dans mon souvenir, qui est aussi une conscience de mon être en arrière : on ne se souvient que de soi-même. J'ai conscience d'avoir été moi, comme j'ai conscience d'être moi : je demeure présent au changement incessant de mon corps. J'ai changé plusieurs fois de corps, autant de fois que la matière en a été renouvelée : donc mon corps et moi, je le répète, nous sommes deux.

Mais suis-je de même nature que ce corps changeant? Je serais changeant, si j'étais de même nature. La nature du corps est d'être un composé, un agrégat, multiple, étendu, inerte. Étant composé, il peut se décomposer; les parties peuvent en être changées, et remplacées une à une : et c'est ce qui arrive au corps vivant. Il change et se renouvelle ; il se décompose, lentement, molécule à molécule, et se recompose à mesure ; il se défait et se refait sans cesse. Si j'étais composé, ne serais-je pas sujet à me décomposer aussi?

On dira que je suis un composé stable. Et certes, s'il en est ainsi, très distinct de ce composé tout instable qui est mon corps ! Je serai, par exemple, la cellule fondamentale, primordiale et permanente, qui aura présidé au groupement et au renouvellement harmonique des mobiles cellules constitutives de mon corps. Cela même est une distinction, qui pourrait suffire, entre un corps mobile et un être immobile, entre un corps changeant et un être permanent, présidant pour un temps à la vie corporelle, sans qu'on en puisse conclure qu'il commence ou qu'il finisse d'être avec cette vie.

7. — Mais quoi! Un composé est-il un être? Un être multiple, étendu, inerte, n'est pas un être, mais un assemblage. Un être n'est pas plusieurs, mais un; il n'est donc pas multiple. Laissons l'être en général, et considérons le nôtre. Le corps est multiple, étendu, inerte : je suis un, comme un point indivisible, sans extension, tout en intensité, unité de force, actif et libre. Donc je ne suis pas de nature corporelle.

Je rapporte à un même moi, à un centre unique, la multiplicité simultanée comme la multiplicité successive des phénomènes du moi. Je m'affirme, dans ma conscience, et par cette conscience que j'ai de moi, un même sujet, unique et permanent, de phénomènes multiples et successifs : ils sont plusieurs, je suis un; ils changent et passent, je demeure identique à moi-même. Un dans le temps, un dans l'espace, inétendu, indivisible. Et qu'est-ce qu'une conscience d'un agrégat, d'un composé, d'une société, d'un groupe? Le conscient est un. Un groupe est-il un? Une société, une? Plusieurs en un ne sont pas un : leur unité est unité de rapport, non d'être. Qu'est-ce qu'un rapport ayant conscience de soi? Le conscient n'est pas un rapport, mais un être. Un être seul peut avoir conscience de soi, et il faut pour cela qu'il soit un. Les corps ont extension, figure et couleur : je suis une force dont l'action a plus ou moins d'intensité. Cela est d'un tout autre ordre. Les corps sont inertes : je suis actif; bien plus, je suis libre. Si j'étais corps, mes volitions, ainsi que mes pensées, seraient des mouvements, déterminés par des antécédents, par des composantes, dont chacun d'eux serait la résultante nécessaire. Et en effet, si telle est l'inertie des corps, qu'ils ne peuvent modifier d'eux-mêmes leur état de repos ou de mouvement, comment, étant inertes, pourraient-ils être libres ? Les forces mêmes qui les meuvent, les forces physico-chimiques, ne le sont pas. La nécessité universelle, invincible, règne dans la nature, et son empire y est absolu. Il n'y a de libre que l'esprit.

L'âme n'est donc pas corps. Elle est esprit. L'esprit est une activité consciente de ses actes : cet esprit qui est l'âme humaine est sensible et libre : sensible, il est dans la dépendance des organes; libre, il ne relève que de soi. Il se manifeste sous certaines conditions physiologiques : de là, deux sortes d'opérations, les unes sensitives, les autres intellectuelles (Bossuet) ou purement spirituelles : comme sensibilité, les sensations et les appétits d'une part, les sentiments et les penchants supérieurs de l'autre; comme intelligence, les sens et la raison ; comme activité, l'instinct avec l'habitude, la volonté libre. Remarquez cette double dualité, du corps et de l'âme dans l'homme, de l'âme sensitive et de l'âme supérieure dans l'âme elle-même, — dualité de substances dans l'homme, dualité de caractères et d'attributs dans l'âme humaine, — ç'a été le commencement de la psychologie : c'en est aussi la fin.

DEUXIÈME PARTIE
MORALE

LIVRE PREMIER
MORALE THÉORIQUE — PRINCIPES

CHAPITRE PREMIER
LA CONSCIENCE MORALE

1. — Le moment est venu, mes amis, d'étudier enfin la morale. Nous ne faisons pas autre chose, à vrai dire, depuis le premier jour ; mais nous avons dû commencer par étudier l'homme, pour nous étudier nous-mêmes, pour savoir si la morale même, dont nous cherchons la science, existe. Y a-t-il un bien ? Avons-nous l'intelligence pour le connaître, la liberté pour le vouloir ? Telles sont les conditions, vous l'avez vu dès notre première leçon, d'une morale solide et fondée en ses vrais principes. Nous avons reconnu en nous une intelligence constituée par des idées inhérentes à notre raison, et qui répondent à l'être même ; une de ces idées est celle du bien, elle se

rapporte à une forme de l'être : il y a un bien, et nous le connaissons. Nous avons reconnu en nous une volonté libre, responsable de ses actes : comme nous connaissons le bien, nous pouvons le vouloir, et c'est le faire. C'est faire le bien que faire bien ; et s'efforcer de réaliser le bien, agir en vue du bien, c'est faire bien. La morale existe donc : sachons ce qu'elle est, et ce qu'elle nous commande.

Ce qu'elle est ? Ne le savons-nous pas déjà ? Nous l'avons définie dès l'abord : la science de la règle des mœurs, ou de la bonne conduite, de ce qu'on doit faire, du devoir, ou encore la science du bien, toutes expressions équivalentes. Notre devoir est de faire le bien, et nous le connaissons par la conscience : non la conscience psychologique par laquelle nous avons pu nous étudier et nous connaître nous-mêmes, mais cette conscience morale dont parle J.-J. Rousseau en termes souvent cités : « Conscience ! conscience ! Instinct divin ! Immortelle et céleste voix ; guide assuré d'un être ignorant et borné, mais intelligent et libre ; juge infaillible du bien et du mal, qui rends l'homme semblable à Dieu ! C'est toi qui fais l'excellence de sa nature et la moralité de ses actions ; sans toi je ne sens rien en moi qui m'élève au-dessus des bêtes, que le triste privilège de m'égarer d'erreurs en erreurs à l'aide d'un entendement sans règle et d'une raison sans principes ! »

« Instinct divin », dit J.-J. Rousseau. C'est d'abord un instinct, le discernement naturel, spontané, non raisonné encore, du bien et du mal : un sentiment plus qu'un jugement. L'éducation le développe et le dirige ; la raison s'en empare, en recherche l'idée, en applique les principes.

2. — Messieurs, vous le savez, la connaissance du bien ne suffirait pas sans le pouvoir de le faire. Et vous savez que vous avez ce pouvoir : c'est le libre arbitre. Point de morale, si nous n'étions responsables ; point de responsabilité, si nous n'étions libres : nous sommes libres, nous sommes responsables, et tenus au devoir. Sans doute, nous ne sommes pas toujours tous également responsables ; la responsabilité a des degrés et des limites : c'est que nous ne sommes pas tous libres : nous sommes intelligents, et plus ou moins, plus ou moins instruits du bien ; nous sommes sensibles, et plus ou moins, plus ou moins emportés par nos passions. Nous gouvernons le navire, mais en lutte avec la violence des vents, et plus ou moins sûrs de notre route. Nous pouvons nous tromper sur notre route, et méconnaître le bien ; nous pouvons être jetés par la tempête hors de notre route, et manquer le bien par un manque d'empire sur nous, par vice de nature, par folie. Ni les fous, qui ne se possèdent pas, ni les enfants, à qui le discernement fait défaut, ne sont responsables. On est responsable dans la mesure où l'on discerne le bien et le mal, et où l'on dispose de soi. On ne l'est point d'ignorer le bien, ou de le méconnaître ; on ne l'est point de la pensée vraie ou fausse qu'on peut avoir : on l'est de la bonne foi dans ce qu'on pense. On ne l'est point du mal qu'on n'a pu éviter : on l'est de l'effort pour l'éviter. S'agit-il du bien ou du

mal qu'on fait? Les responsabilités sont inégales. S'agit-il de l'effort pour le faire? Elles sont égales. Nous sommes tous également obligés à tout ce que nous croyons être le bien : à la bonne foi, à l'enquête sincère, à une culture assidue de notre raison, pour le connaître ; à toute l'action dont nous sommes capables, pour l'accomplir.

CHAPITRE II

LA LOI MORALE

1. — L'homme est libre, nous le savons. Comme il peut choisir entre plusieurs actions à faire, il doit en choisir une pour la faire **préférablement à toute autre**. La volonté, par cela **même** qu'elle est libre, suppose un motif d'agir, c'est-à-dire une raison qui la règle : la raison, prise à ce point de vue qu'elle règle la volonté, qu'elle impose à la liberté tel choix à l'exclusion de tout autre, qu'elle lui dicte son *devoir*, est la *conscience morale*, ou encore le *sens moral*. Ainsi le libre arbitre implique le devoir, comme, d'autre part, le devoir implique le libre arbitre. **Posez le devoir**, vous aurez la liberté, vous l'avez vu ; **posez la liberté**, vous aurez le devoir.

L'être libre n'agit donc pas sans motif d'agir. Distinguons le motif et le mobile : le motif est la raison pour laquelle on agit, le mobile est la force qui permet d'agir. Le mobile nous pousse, le motif nous guide.

L'être libre a toujours quelque motif qui le guide. Il peut agir pour divers motifs. Il peut se proposer l'*agréable*, cédant aux penchants qui le sollicitent, ou agissant en vue du plaisir qui résultera pour lui de son action. Il peut se proposer l'*utile*, agissant en vue de l'avantage qui résultera pour lui de son action, et auquel il sacrifie ou subordonne le plaisir.

Il peut aussi se proposer autre chose. Il peut ne voir dans l'acte qu'il accomplira rien d'agréable ni d'utile ; cet acte même lui sera pénible, lui sera funeste : et cependant il l'accomplit. Quel caractère voit-il donc en cet acte pénible et funeste, et qu'il se propose néanmoins, qu'il veut faire, qu'il veut accomplir, sous peine d'encourir un reproche intérieur ?

N'a-t-il d'autre motif, en le faisant, que d'éviter la peine de ce reproche intérieur, et se propose-t-il, dans un acte nuisible ou douloureux, l'agréable ou l'utile sous une autre forme ? On l'a dit. Mais, en vérité, s'il n'agit que pour éviter une peine, il s'abuse grandement : la peine qu'il évite est moindre que celle qu'il s'inflige ; elle ne lui est qu'un faible inconvénient au regard de ce qu'il y aura de fâcheux pour lui dans l'acte même. Entre deux peines il n'aura qu'à préférer la moindre : qui éprouve plus de douleur à mal faire qu'à souffrir, souffrira plutôt que de mal faire ; et qui éprouve moins de douleur à mal faire, fera mal plutôt que de souffrir : mais, faisant mal, il fera bien ; il ne sera pas moins sage.

Et quand il serait vrai qu'il ne fait que s'épargner une peine en faisant le bien, d'où vient cette peine de mal faire ? D'où vient qu'on s'adresse un reproche intérieur pour s'être refusé à une action douloureuse ou nuisible, un reproche pour en avoir accompli une autre agréable ou utile, si l'être libre n'a point à se proposer d'autre but que l'agréable ou l'utile ? si le plaisir, qui est l'intérêt du jour, ou l'intérêt, qui est le plaisir du lendemain, est la seule fin qu'il ait à poursuivre ? s'il a sa fin en soi ? s'il est à lui-même son bien, son centre, son Dieu ?

C'est qu'un acte, en outre de l'agrément ou du désagrément, de l'utilité ou du désavantage qu'il peut offrir, peut offrir encore un autre caractère qui motive le choix du libre arbitre : il peut être *obligatoire*.

2. — Il est clair qu'un acte qui apparaît comme obligatoire doit s'imposer à la volonté de l'être libre qui le perçoit tel, alors même que cette perception ne serait qu'une illusion de cet être.

Mais elle n'est pas une illusion. Car d'où tirerait-il cette idée de l'obligatoire, si profondément distincte de l'idée de l'utile et de l'idée de l'agréable ? Vous me dites : C'est la loi qui nous la donne ; ou encore : C'est l'éducation ; c'est l'habitude. La législation, l'éducation, l'habitude, ne peuvent jamais que développer ce qui existe déjà dans les âmes.

La loi écrite peut créer telle obligation particulière ; elle ne peut donner l'idée de l'obligation à qui ne l'aurait point. Est-il obligatoire d'obéir à la loi ? Si l'obéissance à la loi n'est pas obligatoire, ou il n'y a rien d'obligatoire, ou il existe un obligatoire supérieur à la loi même ; si elle est obligatoire, c'est d'une obligation qui ne peut venir que de plus haut. Qu'est-ce que la loi obligeant d'obéir à la loi ? Faudra-t-il obéir à celle qui commande l'obéissance ? S'il le faut, c'est qu'à cela il y a une raison, qui fonde l'obligation ; et c'est, en effet, la raison qui la fonde, non la loi. La loi écrite emprunte son autorité à une loi antérieure, écrite dans nos âmes avant de l'être dans nos codes : loi universelle, inébranlable, qui nous dirige même dans le silence de la législation.

L'éducation développe en nous l'idée de l'obligatoire ; l'habitude la fortifie : tout la suppose, rien du dehors ne la fait naître. Au dedans de nous, point d'autre idée d'où celle-là dérive. Celle de l'agréable ? celle de l'utile ? Mais d'agréable, d'utile, de nécessaire même, à obligatoire, y a-t-il un pas ? Il y a un abîme. Il y a l'infini. L'agréable est ce qu'il faut faire pour jouir ; l'utile est ce qu'il faut faire sous peine de souffrir ; le nécessaire, ce qu'il faut faire sous peine de périr : l'obligatoire est ce qu'il faut faire, dût-on souffrir, dût-on périr. Deux idées de deux mondes bien différents, qu'unit sans doute, dans la suprême unité des choses, une merveilleuse correspondance, mais qu'il est rare que l'expérience accorde ici-bas !

L'idée de l'obligatoire ne se ramène donc ni à celle de l'agréable, ni à celle de l'utile, ni à aucune autre ; elle n'est expliquée par aucune autre, et elle en explique beaucoup d'autres ; elle est irréductible et première : donc elle est vraie, c'est-à-dire que l'objet en existe, et qu'il y a des actes obligatoires.

Cette obligation de certains actes est dite *morale*.

L'obligation morale n'est pas une contrainte, une force physique d'où résulterait l'accomplissement inévitable, nécessaire, de ces actes : elle est une force toute de raison, qui laisse à l'être libre le pouvoir de les accomplir ou de ne les accomplir pas, mais s'impose à lui comme un principe au nom duquel il sera jugé vertueux ou coupable, méritant ou déméritant, ayant bien ou mal agi.

Telle est la distinction du **bien** et du **mal**. Le bien est ce qu'il **est obligatoire** d'accomplir ; le mal est ce qu'il est obligatoire de n'accomplir pas.

3. — L'accomplissement d'un acte moral est tout entier dans la volonté, c'est-à-dire dans la résolution ferme, avec l'effort, de le faire : dès qu'il est voulu, il est accompli comme acte moral, soit que l'effet s'ensuive ou non. Si l'effet ne s'ensuit pas, c'est qu'il est empêché par quelque impossibilité naturelle : à moins qu'il ne soit pas réellement voulu, et que la paresse, l'incurie, ou la passion, ne prenne un désir pour un vouloir,

> Video meliora proboque,
> Deteriora sequor (1),

dit un des personnages d'un poème d'Ovide. On voit, on approuve, on désire peut-être ; on voudrait, on voudrait vouloir, on veut vouloir, on ne veut pas.

Vouloir un acte, faire effort pour l'accomplir, c'est l'accomplir, sinon physiquement, du moins moralement : et par là encore l'obligatoire se distingue de

---

(1) Je vois le bien, et je l'approuve ; je fais le mal.

l'utile et de l'agréable, en ce qu'un acte ne saurait être utile ni agréable s'il n'a point son effet, tandis qu'il est obligatoire en lui-même, indépendamment de tout effet : ce n'est pas la volonté, c'est le résultat de la volonté, qui est agréable ou utile ; et ce n'est pas le résultat de la volonté, c'est la volonté qui est obligatoire.

L'agréable et l'utile, motifs sensibles, se ramènent à un motif unique, l'*intérêt*, qu'on oppose au *devoir*. Le devoir et l'intérêt, l'honnête et l'utile (Cicéron), tantôt conformes, tantôt contraires l'un à l'autre, ne peuvent pas rentrer l'un dans l'autre : le devoir est irréductible à l'intérêt.

4. — Résumons-nous. Tout ceci est grave. Il faut nous pénétrer de ces vérités ; il faut bien comprendre ces idées, qui sont le principe et le fondement de la morale.

Libres, nous pouvons agir pour divers motifs. Nous agissons pour le plaisir que nous procurera notre conduite ; ou encore pour l'avantage que nous en attendons. Ces motifs sont-ils légitimes? est-il permis de faire ce qui est agréable, ou ce qui est utile ? — Pourquoi non, si d'ailleurs il n'y a point de mal ?

Mais voici un autre motif : le mal à éviter, le bien à faire. Une action est agréable ou utile : on peut la faire, si elle n'est pas mauvaise. Mauvaise, on ne doit pas la faire ; bonne, on doit la faire, au contraire, fût-elle d'ailleurs pénible, fût-elle nuisible. Il y a des actions qu'on est obligé de ne pas faire, d'autres qu'on est obligé de faire.

On fait donc une chose parce qu'elle est agréable, ou parce qu'elle est utile, ou parce qu'elle est obligatoire. Les deux premiers motifs sont relatifs; le troisième est absolu. Les deux premiers, en outre, ne portent point sur l'action, mais sur le résultat de l'action; le troisième porte sur l'action même, dont il est un caractère. Si ce caractère n'est pas chimérique (et vous avez vu qu'il ne l'est pas), il y a une loi de la conduite humaine.

La loi qui oblige est universelle, invariable, absolue, comme toute loi : elle oblige également, dans les mêmes circonstances, tous les êtres capables de moralité. A toute loi appartient l'universalité; à celle-ci, en outre, l'autorité : elle s'impose aux consciences. Où résidera-t-elle? Dans le plaisir? Dans l'intérêt? Dans la sensibilité, en un mot? Non. Rien ici d'universel : le plaisir de l'un n'est pas le plaisir de l'autre; ni l'intérêt de l'un l'intérêt de l'autre. Rien d'obligatoire : qui dira qu'il est obligatoire de chercher soit son plaisir, soit son intérêt, où on le trouve? dans la perte d'un ennemi, par exemple? dans l'inceste? dans le vol? dans le meurtre?

Mais peut-être la loi, qui ne réside pas dans l'intérêt, résidera-t-elle dans l'intérêt bien entendu. Qu'est-ce que l'intérêt bien entendu? Est-ce l'accord de l'intérêt particulier avec l'intérêt général? Il n'y a rien de plus universel, ni de plus obligatoire, que pour l'intérêt propre. Est-ce l'intérêt général? Il se peut; mais ce n'est pas la sensibilité, c'est la raison qui en décide.

Ou encore la loi, qui ne réside pas dans le plaisir,

résidera-t-elle dans un sentiment choisi entre tous pour être le principe de la morale ? On rapportera, on subordonnera tout à la sympathie, par exemple; ou à l'amour du bien ; ou à l'amour de Dieu ; ou à l'amour du bonheur à venir, au désir du salut? Non. Un sentiment, comme tel, en vaut un autre; s'il y en a de meilleurs les uns que les autres, ce n'est pas la sensibilité, c'est la raison qui en juge. Pour la sensibilité, ils ne diffèrent entre eux que par le degré de durée ou d'intensité, par la quantité, non par la qualité : ils sont plus ou moins constants, plus ou moins vifs ; ils ne sont pas plus ou moins conformes au bien. L'amour du bien suit, dans la sensibilité, l'idée du bien : il est conséquence, il ne saurait être principe. L'amour de Dieu est le plus haut de nos sentiments ; mais qu'en savons-nous par la sensibilité? C'est la raison qui nous l'enseigne. L'amour du bonheur à venir, le désir du salut, ne saurait être non plus le motif qui oblige : car l'obligation porte sur l'acte même, non sur les suites possibles, ou même certaines, de l'acte. L'action obligatoire l'est en elle-même : on doit la faire parce qu'elle est bonne, non parce qu'elle aura un résultat heureux. La fait-on parce qu'elle est bonne, on mérite un bonheur proportionné au bien qu'on a fait; la fait-on parce qu'elle amène le bonheur, on ne le mérite pas. Ces sentiments sont d'excellents mobiles ; aucun d'eux, aucun ne saurait être le motif qui oblige. Ce n'est donc point dans la sensibilté que réside la loi de la conduite humaine ou le principe de la morale : c'est dans la raison.

5. — Le caractère obligatoire de certaines actions, motif de la conduite bonne, est le principe de la morale. Il n'est pas le principe du bien, mais c'est le bien qui est le principe du caractère obligatoire : en d'autres termes, ce n'est point parce qu'une action est obligatoire qu'elle est bonne, mais parce qu'elle est bonne qu'elle est obligatoire. La vouloir parce qu'elle est bonne, ce qu'on reconnaît à ce signe qu'elle est obligatoire, c'est agir bien.

Il y a ici un jugement, une déclaration de la raison, que l'action est bonne; il y a une application de l'idée du bien. L'idée du bien est vraie, étant inhérente à l'esprit de l'homme; car elle est irréductible à tout autre : elle ne se ramène point à celle de l'agréable, ni à celle de l'utile, ni à aucune autre; elle est universelle, ce qui est une conséquence et un signe de son innéité. On a varié sur ce qui est bien, sur ce qui est mal : la distinction du bien et du mal exista de tout temps, en tout lieu : le langage, la pratique journalière des hommes, tout en témoigne.

A l'idée du bien, qui appartient à la raison, se joint le sentiment du bien, qui appartient à la sensibilité; les deux ensemble sont la conscience morale, ou simplement la conscience, dans l'acception vulgaire de ce grand mot.

La conscience n'est chez la plupart des hommes qu'une sorte d'instinct, mais un instinct rationnel, que l'éducation développe. Selon que l'agent libre a bien ou mal fait, la sensibilité l'aime ou se détourne de lui, l'admire ou le méprise, et quand on est soi-même l'auteur de l'action bonne ou mauvaise, jouit ou souffre : c'est le sentiment moral.

Je vous rappelle, Messieurs, qu'il ne faut pas confondre la conscience morale, ou le sens moral, connaissance naturelle du bien et du mal, avec la conscience psychologique, ou sens intime, simple témoin et non juge de ce qui se passe en nous.

On est obligé au bien. Est-il bien parce qu'on y est obligé ? Mais quelle serait alors la raison de l'obligation ? On y est obligé, parce qu'il est le bien. Qu'est-ce donc que le bien ?

6. — On a dit qu'il est ce que Dieu veut ; et, pour l'homme, d'obéir à Dieu. Sans doute, Dieu veut le bien, et il ne peut vouloir que le bien, sa volonté étant parfaite : il faut donc lui obéir. Il faut faire ce que Dieu veut : non point parce que Dieu le veut, mais parce que c'est le bien. Ceux qui fondent le bien sur la volonté de Dieu, le fondent-ils sur sa pure et arbitraire volonté, ou sur sa volonté sage ? S'ils le fondent sur sa volonté sage, ils ne le fondent pas sur la volonté, mais sur la sagesse de Dieu, sur la raison.

Le bien n'est point ce qui lui plaît : mais le bien lui plaît, parce que c'est le bien ; et c'est pourquoi il le veut. Nous le connaissons aussi, ou nous connaissons notre bien, tel que le comporte notre nature ; et nous devons le vouloir comme Dieu le veut, parce que c'est le bien. Le vouloir comme un moyen, au lieu de le vouloir comme une fin, ce n'est pas vouloir le bien, mais le bonheur ou les avantages qu'il procure : égoïsme, et non pas vertu. Il faut faire le bien, non parce qu'il mène au bonheur, mais parce qu'il rend digne du bonheur. La première condition pour obtenir une récompense, est de l'avoir méritée; et pour l'avoir méritée, il faut ne l'avoir pas cherchée, mais le bien. Qui spécule sur le ciel gagne l'enfer. Obéir, pour lui complaire, à des ordres arbitraires d'un maître aussi terrible que **généreux**, est le fait de l'esclave flattant le tyran qu'il n'aime pas, mais dont il aime la faveur, et dont il redoute le courroux.

Le bien est ce que la raison propose à la volonté, l'être même tel que le comprend la raison, la perfection de l'être, l'ordre, la loi : il est ce qui doit être, et il doit être voulu parce qu'il est ce qui doit être. *Et vidit quia erant valde bona,* il vit que tout cela était très bon : Dieu créant les choses, les veut parce qu'elles sont ce qu'elles doivent être, parce qu'elles sont ce que, en Dieu même, la raison propose à la volonté. Le bien est la loi, au sens philosophique non moins qu'au sens moral : ordre, et commandement. Commandement, parce qu'il est ordre. Les êtres sans volonté réalisent leur loi fatalement ; les êtres doués de volonté sont appelés à réaliser leur loi. Le bien, **pour un être, est donc la loi de cet être, en rapport,** dans l'harmonie des choses, avec les lois de **tous** les êtres ; c'est la fin ou la perfection de **son être** : une fin à atteindre, un être supérieur à réaliser, la loi même de l'être ou l'ordre des choses à accomplir dans la mesure de sa puissance. **Toutes** les fins se rapportent à une fin suprême, Dieu.

Tel est le bien en soi. Le bien, pour l'homme, sera

donc la perfection ou l'idéal de l'homme ; et son devoir, de réaliser l'idée de l'homme, d'être homme autant qu'il peut l'être, d'accomplir en lui-même l'être humain.

Et qu'est-ce que cela, sinon « vivre conformément à la nature » ? C'est là une autre définition du bien, très célèbre dans l'antiquité, et différente. Mais si différentes que soient ou paraissent être les conceptions qu'on a eues du bien, ce sont différences d'aspect : sous l'apparente diversité est l'unité profonde. Obéir à Dieu, s'unir à Dieu, agir par amour de Dieu, agir par amour du bien, tendre à sa fin, suivre la nature, s'attacher à la recherche du bonheur, négliger le bonheur pour le devoir pur, toutes ces doctrines, qui semblent diverses, convergent vers cette unique mais compréhensive doctrine : qu'il y a une loi morale, une règle de nos actes, un bien, dont la notion est dans la raison, qui l'impose à notre volonté libre, l'éternelle sagesse nous confiant l'accomplissement de notre nature, la réalisation de notre destinée, la perfection de notre être, l'union avec Dieu.

7. — **Autre chose est le bien pris absolument, le bien naturel ou essentiel, autre le bien moral.** Le bien moral est la conformité de nos actes libres au bien tel que nous le concevons. C'est la bonne intention, le bon vouloir, l'effort pour bien faire.

Être bon, intelligent et fort, est un bien. Ce n'est pas un bien moral pour celui qui est tout cela par nature ; mais le travail pour conserver et augmenter encore, et s'approprier en quelque sorte, par sa propre coopération à l'œuvre divine, ces formes du bien, quand on les tient comme un prêt de la nature, ou pour les acquérir, quand on ne les a point, par un développement volontaire du peu qu'on a reçu, est un bien moral.

C'est une erreur grave de confondre l'un avec l'autre.

Le bien moral, n'existant que chez un être libre, est moins étendu que le bien : s'il n'y avait plus d'être libre dans le monde, il n'y aurait plus de bien moral ; et il y aurait encore du bien.

Il peut y avoir opposition entre les deux : un acte mauvais en lui-même peut être moralement bon, si l'intention a été bonne ; et réciproquement. On peut, par ignorance ou par erreur, commettre le mal, croyant bien faire ; et alors même, si l'on est innocent de son ignorance ou de son erreur, on fait le bien qu'on croit faire. On fait aussi le mal qu'on croit faire, si l'on fait ce qu'on croit être mal ; et l'on est criminel, si l'on fait le bien en vue d'un crime : un bienfait, par exemple, dont on achètera un complice pour quelque entreprise coupable.

Le bien moral est dans la volonté du bien. Il existe dès qu'il est voulu en qualité de bien ; dès qu'on a fait effort pour l'accomplir, il est accompli comme acte moral. Le mal, également.

8. — Pour vouloir le bien, il faut le connaître. L'ayant voulu, il faut le faire. Le connaître, le vouloir, le faire, trois choses : raison, liberté, puissance. La puissance n'est point dans la raison, ni même dans la liberté, mais dans l'amour. La sensibilité, qui a été su-

bordonnée à la raison, reprend ici l'avantage : les mobiles, qui ne valent pas comme motifs, sont des forces nécessaires à l'action ; ce sont les penchants, les sentiments, moteurs aveugles qu'il appartient à l'âme raisonnable et libre de diriger. Elle s'appuiera au besoin sur les uns pour combattre les autres. L'amour du bien, l'attrait pour le bien, la soutiendra : la grâce divine, l'amour de Dieu. Subsidiairement, l'amour ou le désir des récompenses futures, comme d'ailleurs toutes les inclinations de l'homme, sont des forces, des mobiles, mais non des motifs. Il faut, encore une fois, vouloir le bien parce qu'il est le bien. Ce n'est pas le vouloir à ce titre que le vouloir parce qu'il procure le bonheur, ou parce qu'il satisfait un de nos sentiments quelconque : mais c'est le vouloir à ce titre que le vouloir par amour du bien, par amour de Dieu : car, soit qu'on s'en rende compte ou non, un tel sentiment ne va pas sans l'idée dont il dérive. Pour peu qu'il en accompagne un autre, tel que le désir de la récompense, on agit bien : car, dans ce cas, le second aide à faire le bien, dont le premier enveloppe l'idée qui en est le principe.

9. — Vous avez vu, messieurs, que la liberté, impliquée par le devoir, l'implique à son tour. La liberté est le pouvoir de s'imprimer soi-même une détermination. La liberté est la puissance que j'ai de vouloir ou de ne vouloir point, selon que je le juge à propos, selon qu'il me convient : elle est ma personne ; elle est la force, non qui est en moi, mais qui est moi-même. Comment, si la force que je suis n'est pas une force

libre, puis-je régler ma conduite? Ou je marche dans le chemin de ma vie, comme le soleil m'éclaire sans qu'il soit possible à ses rayons de ne pas m'éclairer, comme les astres qui roulent au-dessus de ma tête tournent fatalement, invinciblement, dans le cercle qu'ils sont contraints de suivre ; ou, dis-je, l'ordre éternel me domine et m'entraîne, il ne reste pour moi ni bien ni mal, ni vertus ni vices : ou je suis libre. La liberté, vous le savez, est la condition du bien. Et vous savez qu'elle implique aussi le bien : elle implique la responsabilité, et la responsabilité le devoir. L'obligation la suppose, et elle suppose l'obligation : car elle est un moyen pour une fin, et elle ne se détermine pas sans motif. Elle choisit le meilleur : et qui le lui enseignera, la sensibilité, ou la raison? Ce qui est chez lui principe de force, ou ce qui est chez lui principe de lumière?

Céder à un penchant n'est point faire acte d'être raisonnable, mais faire abstraction de sa qualité d'être raisonnable. Sacrifier l'agréable à l'utile, gouverner la sensibilité pour lui procurer une plus grande somme totale de jouissances, c'est faire acte de raison, sans doute, mais en vue d'une fin prise hors de la raison ; c'est subordonner en soi l'être raisonnable à l'être sensible, soumettre l'universel au particulier, l'absolu au relatif, le supérieur à l'inférieur, dans l'économie de son âme. L'homme qui accomplit le bien s'élève sans cesse, par l'acte d'une volonté libre que la raison éclaire, de son être imparfait à un être supérieur : il va vers Dieu, qu'il ne cherche pas seulement en lui-même, mais au-dessus de lui, comme le centre d'une sphère infinie dont il ne parcourt lui-même qu'un rayon. L'égoïste, l'homme qui ne cherche que son agrément ou son utilité propre, se fait lui-même centre des choses, et s'adore comme le Dieu de l'univers : plus il se cherche lui-même, plus il s'enfonce dans son propre être, c'est-à-dire dans son propre néant; et il descend dans la sphère infinie le rayon que remonte l'homme de bien.

CHAPITRE III

LE DEVOIR ET LE DROIT. — LA VERTU.

1. — Le devoir est ce qu'on doit faire. On doit faire le bien. On doit le faire, parce qu'il est le bien. La loi qui le commande est la loi morale : loi qui oblige sans contraindre, d'une obligation morale comme est la loi elle-même : c'est-à-dire que nous devons obéir à la loi par pur respect pour une loi qui commande le bien. Loi naturelle, universelle et absolue, tandis que les lois écrites sont variables et relatives; loi divine, sans qu'elle émane d'une arbitraire volonté de Dieu, mais de sa volonté sage, de la parfaite raison.

L'être libre et raisonnable, l'être responsable, capable de devoir, est une personne. Tel est l'homme; et c'est sa dignité, d'agir par lui-même, d'avoir puissance de faire le bien, d'être bon s'il veut l'être. Comme il doit l'être, comme il est un être moral ayant des devoirs à remplir, il a pour premier devoir de respecter et de faire respecter en lui-même, par la force au besoin, de maintenir intact en sa personne, ce qui est la dignité de sa personne, la condition de son être moral : son libre arbitre. Ce devoir fonde le *droit :* le respect dû à la liberté, et à tout ce qu'elle enveloppe ; l'inviolabilité de la personne humaine.

La liberté est le droit. Le droit répond au devoir. Dans une société d'êtres moraux, où chacun a pour devoir de faire le bien selon sa conscience et dans la mesure de ce qu'il peut, chacun a pour premier devoir de ne pas ravir aux autres ce qui est la condition de leur action morale ; ce devoir de chacun est le droit des autres sur lui, comme il a lui-même le même droit sur eux.

2. — Ainsi le droit, fondé sur un devoir, crée à son tour un devoir : c'est un devoir de respecter le droit.

Le respect du droit est la *justice*. Il y a d'autres devoirs que des devoirs de justice. Il y a, par exemple, à l'égard d'autrui, des devoirs de charité : il ne suffit pas de respecter la liberté des autres, il faut encore venir à leur aide. Il y a des devoirs pour l'homme comme tel, abstraction faite de ses rapports avec d'autres hommes. Il y a des devoirs de l'homme envers Dieu. Le devoir est donc plus étendu que le droit. C'est parce qu'on a des devoirs qu'on a des droits, et l'on a des devoirs parce qu'on est un être libre. La liberté, jointe à la raison qu'elle suppose, fait le devoir ; et le devoir fonde le droit. Loin que le devoir soit fondé, comme plusieurs le soutiennent, sur le droit, le droit, au contraire, est fondé sur le devoir.

L'habitude du devoir est la vertu. On peut la définir : l'activité réglée par le bien.

Le sage, à l'égard de lui-même, est honnête ; à l'égard d'autrui, juste ; à l'égard de Dieu, saint.

CHAPITRE IV

LES SANCTIONS DE LA LOI MORALE

1. — Qui a moralement bien agi, a bien agi. Qui a bien agi a mérité ; qui a mal agi a démérité. Le *mérite* est l'accord nécessaire, conçu par la raison, du bien moral avec le bonheur ; le *démérite*, l'accord nécessaire du mal moral avec le malheur. En d'autres termes, le mérite, c'est le bien en tant que digne de *récompense ;* le démérite, c'est le mal en tant que digne de *punition* ou de *peine*.

Il n'y a récompense, vous le savez, qu'autant qu'elle est méritée ; elle n'est méritée qu'autant qu'elle n'a pas été recherchée, mais le bien.

L'expiation est le retour à l'ordre par la peine librement acceptée. La peine est donc réellement un bien, quoiqu'elle soit un mal sensible : elle est justice.

Le *souverain bien* ne consiste ni dans le bonheur seul, ni dans la vertu seule, mais dans l'accord de la vertu et du bonheur. La vertu conserve le premier rang, le bonheur n'a que le second ; et il ne convient pas qu'il suive immédiatement ni visiblement la vertu : car où serait le mérite ?

La raison de cette subordination du bonheur à la vertu dans l'accord de l'une avec l'autre, est que l'une et l'autre sont également, quoique diversement, l'ordre : l'une est la fin de l'être, l'autre la conscience de cette fin accomplie. Le bonheur n'est pas lui-même un but, mais une manière d'être, conséquence du but une fois atteint : il est le retentissement du bien dans la sensibilité. Si donc le bien est, et que le bonheur ne soit autre chose que le bien senti en nous, que chercherons-nous pour trouver le bonheur? Le bien.

Avez-vous bien agi? Vous en êtes heureux : d'autant plus que vous comptez sur un bonheur qui en sera tôt ou tard la récompense : c'est l'espérance, qui, s'ajoutant à la satisfaction intérieure, la redouble. Le remords, au contraire, se complique de la crainte. N'est-il pas vrai, si vous l'avez jamais éprouvé, qu'il y a dans le remords, avec un sentiment d'humiliation et de dégradation, une appréhension instinctive, une sorte de terreur étrange, invincible? Telle est l'harmonie de la sensibilité et de la raison : si la raison affirme le mérite et le démérite, dont la notion est contenue dans celle du devoir ou du bien, la sensibilité anticipe sur la récompense ou la peine qu'elle attend, qu'elle ne sent pas encore, mais qu'elle sent venir, qui viendra comme elle doit venir.

C'est la *sanction* de la loi morale. La sanction n'est pas la loi, mais la garantie de la loi, dont elle assure le respect, et qu'elle fait toujours, quoi qu'il arrive, prévaloir. La loi est-elle violée, le violateur est puni. Mal en prend à qui la viole! Bien à qui l'exécute! Elle a toujours raison, et toujours le dernier mot.

2. — Certains devoirs importent à la vie même de

l'homme : ils ont pour naturelle sanction l'état favorable ou fâcheux de la santé.

D'autres importent à l'existence de la société : ils ont pour sanction les lois pénales en vigueur chez les différents peuples.

D'autres naissent des rapports entre les hommes : devoirs quotidiens de probité, de charité, d'honneur : ils ont pour sanction l'opinion publique : sympathie, estime, respect, admiration, enthousiasme, gloire, ou leurs contraires.

Une sanction supérieure de ces mêmes devoirs, comme de ceux qui échappent à l'estime ou au mépris public, est dans l'âme de l'agent libre, que récompense la joie d'avoir bien fait, que la douleur d'avoir mal fait, que les tourments du remords, punissent.

Enfin, au-dessus de toutes les sanctions terrestres, s'élève l'infaillible sanction de la justice divine, qui ne peut laisser ni un seul acte mauvais sans sa peine, ni un seul acte bon sans sa récompense, et qui nous retrouvera toujours, Messieurs, tôt ou tard, ayant toujours l'éternité devant lui, et la mettant devant nous.

3. — La conduite libre a des conséquences inévitables, et d'une gravité terrible : elle enfante en nous des habitudes qui nous rendent bien difficile désormais ou, si elles sont bonnes, le vice, ou, si elles sont mauvaises, la vertu : elle nous fixe dans une sorte de fatalité morale, heureuse ou malheureuse, qui est notre œuvre. L'homme, une fois créé, devient comme un créateur de soi-même : il crée incessamment son être futur, il se fait une seconde nature qui le récom-

pense ou qui le punit. Si la raison n'est pas fausse (et pourquoi, quand les sens, quand les autres facultés de l'âme, ne le sont pas, la raison le serait-elle?) il faut que ses exigences soient satisfaites, il faut que l'accord qu'elle conçoit entre la vertu et le bonheur se réalise : il existe une Sagesse toute-puissante qui proportionne le bonheur à la vertu.

Déjà nous la voyons à l'œuvre dès ce monde. Quand l'âme s'abaisse jusqu'à s'asservir au corps qui doit être son serviteur, quand elle met sa fin et sa joie dans les satisfactions corporelles, ce renversement lui est un châtiment, en ce qu'elle n'y trouve pas sa propre fin, l'infini, qu'elle y cherche : vous dirai-je le caractère insatiable, et par conséquent misérable, des passions, telles que la gourmandise, la débauche, la cupidité ? De plus, elle y perd sa liberté, partant sa puissance, et son être même : elle est punie par la folie. Néglige-t-elle d'agir ? elle est punie par l'ennui : la vie de l'oisif, riche et blasé, est plus malheureuse encore peut-être, et n'en doutez pas, que celle du pauvre à qui la sueur de son front ne donne pas le pain de ses enfants.

4. — Les sanctions que l'expérience nous montre ici-bas de la loi morale sont toutes insuffisantes. La sanction naturelle, qui fait trouver la récompense ou la peine d'un acte moral dans les suites naturelles qu'il entraîne, est très juste : mais combien de libertins conservent leur vigueur jusque dans la vieillesse même, tandis que peu d'excès détruisent la santé chez d'autres ! D'autres encore, sages et tempérants, sont malades. La sanction légale punit et ne récom-

pense pas ; elle ne punit la violation que d'une sorte de devoirs, ceux de l'homme envers l'homme, et même parmi ceux-ci elle n'atteint que la violation des devoirs de justice, laissant les hommes fouler aux pieds les devoirs de charité et d'amour ; elle frappe quelquefois l'innocent, bien souvent elle ignore ou épargne le coupable. La sanction de l'opinion publique est plus incomplète encore : quoi de plus téméraire que les jugements d'une foule frivole, distraite, passionnée, variable? Que d'hypocrites honorés! que de criminels inconnus! et que d'hommes vertueux méconnus! La sanction intérieure, qui est ou le remords ou la satisfaction de soi, dépend de la sensibilité de chacun, et manque de proportion, puisqu'on voit des coupables s'endurcir à mesure qu'ils s'enfoncent dans le mal, et souffrir moins à mesure qu'ils méritent de souffrir davantage. Sans doute, cet endurcissement même est une punition : mais pourquoi, si ce n'est parce qu'il est une impunité, qui, séparant l'homme de l'ordre moral, le livre plus coupable encore aux mains de la justice divine?

Il faut, quand on a été coupable, qu'on expie. Il faut qu'on répare, ce qu'on ne peut faire qu'à trois conditions : d'abord, qu'on se repente, c'est-à-dire qu'on retire sa volonté de son péché, que, de mauvaise qu'on l'a eue, on la rende bonne ; car tant qu'on ne se repent pas d'avoir mal fait, on ne cesse pas de mal faire. Le mal n'est pas dans l'acte, mais dans la volonté de l'acte : l'acte exécuté, s'il n'est point voulu, n'est pas coupable ; l'acte non exécuté, s'il est voulu, est coupable. Un crime, exécuté ou non, est accompli dès qu'il est voulu, et, tout le temps qu'il est voulu, dure. Vingt ans après qu'il a été fait ou qu'il a été tenté, cent ans après, mille ans après, s'il est voulu encore, il dure encore. Un homme a tué par vengeance ; voilà trente ans que cet homme a commis le meurtre, et il ne s'en repent pas encore ; il le commettrait encore, s'il avait à le commettre : croyez-vous que son crime accompli ait eu sa mesure, et que le criminel ne mérite qu'une peine limitée comme le crime? Le meurtre est accompli, mais non le crime. Le meurtre fut l'œuvre d'un jour, d'une heure, d'un moment : voilà trente ans que le crime dure, et il durera tant qu'en sera la volonté. Il y a une mesure du mal qui a été fait, non de la malice ; et c'est pourquoi la peine due à la malice n'a point de mesure. On veut le mal, ou l'on cesse de le vouloir : tant qu'on le veut, on le fait, et l'on en mérite le châtiment. Alors seulement qu'on cesse de le vouloir, on cesse de le faire ; la malice a pris fin, elle a désormais sa mesure, et désormais comporte une peine mesurée, proportionnée, limitée, finie.

On n'y échappera pas, car voici les deux autres conditions de la réparation due : qu'on accepte de cœur une épreuve nouvelle, toute pareille à celle où l'on a failli ; enfin, qu'on souffre un malheur proportionné à celui qu'on a voulu s'épargner ou qu'on a causé par sa faute : quel homme, hélas! calculera jamais ces effroyables suites de son mal ?

La loi morale n'a point sur la terre la sanction

qu'elle doit nécessairement avoir, et la vie présente fait contracter en quelque sorte à la Providence la dette d'une vie à venir. Elle existe, cette sanction: si elle n'existe pas sur la terre, elle existe ailleurs ; si elle commence à peine sur la terre, elle s'achève ailleurs. L'âme est immortelle. Elle l'est en son être ; elle l'est en sa personne même, avec son caractère propre et sa mémoire.

La raison commande la vertu, la sensibilité aspire au bonheur ; le bonheur et la vertu sont donc, l'un et l'autre, la fin de l'homme : donc, l'un par l'autre. La vertu est obligatoire ; le bonheur, non : donc, en cas de conflit, c'est le bonheur qu'il faut sacrifier. Il doit se retrouver pourtant, puisqu'il est à sa manière la fin de l'âme : donc il se retrouvera par la vertu. Qui cherche la vertu, trouve au bout de sa route le bonheur. Il ne le trouve pas dans cette vie : donc cette vie est une préparation à une autre. Cette vie nous enfante à une autre ; nous nous enfantons nous-mêmes à la véritable vie.

Véritable, en effet. C'est ce corps terrestre qui met en lutte nos inclinations, en même temps qu'il établit entre nos aspirations et notre puissance un immense désaccord ; c'est ce corps qui empêche l'harmonie et la perfection de notre être, en même temps qu'il constitue notre épreuve. Qu'il disparaisse donc, et saluons notre mort comme notre vraie naissance ! Nous avons pour fin l'infini : nous vivrons donc éternellement, dans l'union, sans absorption ni confusion, avec Dieu.

L'âme peut atteindre sa fin, ou la manquer. Elle peut se sauver, ou se perdre. Nous vivons suspendus entre une magnifique espérance et une terreur. Nous n'aurons rien à perdre si nous savons bien agir, c'est-à-dire faire à la vertu les sacrifices qu'elle nous demande.

Qui se perd se retrouve, et qui se sacrifie se sauve. Est-ce donc là un sacrifice? Oui, car le bonheur qui couronnera un jour notre bonne conduite en est une conséquence éloignée, et que nous apercevons d'autant moins qu'elle n'est point de ce monde. Tout acte de vertu est un acte de foi ; foi dans le bien, foi dans le suprême principe du bien, en qui nous espérons, que nous aimons : foi, espérance, amour ou charité. Cette foi ne nous trompera point.

CHAPITRE V

DIEU ET LA VIE FUTURE

1. — Et pourquoi nous tromperait-elle ? Si l'immortalité est niée ou mise en doute, ce ne peut être, ce n'est aussi que par ceux qui nient ou mettent en doute soit l'âme elle-même, soit Dieu. Il est clair que l'âme n'est pas immortelle, si elle n'existe pas. Et il n'est pas assuré qu'elle soit immortelle si, l'âme existant, la Providence n'existe pas ; s'il n'y a pas un règne de justice, un ordre moral, comme il y a un ordre physique de l'univers.

Mais où a-t-on pris que la Providence n'existe pas ?

Sur quoi se fondent les athées pour nier Dieu, ou les sceptiques pour le mettre en doute ? Il en est de Dieu comme du libre arbitre et du bien : une foi universelle parce qu'elle est invincible l'affirme. Une foi invincible a institué partout des cultes : partout, non par intelligence, mais par sentiment, ou même en dépit de son intelligence, mais en vertu d'un sentiment plus fort, partout l'homme adore, partout l'homme prie. La nature de l'homme, en dehors de toute doctrine, de toute réflexion, de toute raison, croit à un Dieu juste, qui gouverne toutes choses par une providence immédiate, qui veille sur la destinée du moindre des êtres sortis de ses mains, qui « sonde les reins » et juge les œuvres, à un Dieu vivant. Le devoir, la responsabilité, l'âme raisonnable et libre, la vie éternelle, Dieu, forment un faisceau qu'on ne saurait rompre : religion universelle du genre humain, obscurcie et comme couverte du nuage des fausses religions, mais reconnaissable sous toutes les superstitions, et toujours visible sous le nuage.

Au sujet de Dieu comme au sujet du libre arbitre, je vous dirai : entre l'humanité et une poignée d'athées ou de sceptiques, entre l'affirmation du sentiment et la négation de la raison, — ou de l'inintelligence, — quel sera votre choix ?

Voltaire le fait pour vous. Écoutez-le :

> Consultez Zoroastre et Minos et Solon,
> Et le martyr Socrate et le grand Cicéron,
> Ils ont adoré tous un maître, un juge, un père.
> Ce système sublime à l'homme est nécessaire.

> C'est le sacré lien de la société,
> Le premier fondement de la sainte équité,
> Le frein du scélérat, l'espérance du juste.
> Si les cieux, dépouillés de son empreinte auguste,
> Pouvaient cesser jamais de le manifester,
> Si Dieu n'existait pas, il faudrait l'inventer !
> Que le sage l'annonce, et que les rois le craignent !
> Rois, si vous m'opprimez, si vos grandeurs dédaignent
> Les pleurs de l'innocent que vous faites couler,
> Mon vengeur est au ciel, apprenez à trembler !

Ces dogmes fondamentaux de la foi du genre humain constituent ce qu'on appelle en philosophie le spiritualisme. Le matérialisme les repousse. Les affirmations du spiritualisme sont celles mêmes de la croyance générale des hommes. En sorte que, ne parvînt-il pas à les établir d'une manière solide, définitive, scientifique, il aurait encore raison de les soutenir avec le genre humain ; et le matérialisme n'aurait pas seulement, pour triompher, à lui demander de les prouver, mais à prouver contre lui qu'elles sont fausses. Si elles étaient de pures hypothèses toutes gratuites, il faudrait en effet, pour les admettre, en attendre la preuve. Mais c'est chose grave de s'inscrire en faux contre la conscience morale de l'homme, d'où elles émanent : il ne suffit plus alors d'attendre la preuve : il faut faire la preuve opposée, et démontrer que la conscience humaine se trompe en ses affirmations naturelles. Le matérialisme ne peut être vrai qu'à ce prix. C'est à lui de fournir la preuve. Tant qu'il n'y sera point parvenu, le spiritualisme doit être tenu pour vrai.

2. — Quand Dieu ne serait pas prouvé, il devrait

être cru. Mais il est prouvé, n'en doutez pas, messieurs. Ce serait dépasser les bornes d'un cours tout élémentaire que de rappeler ici les diverses preuves de l'existence de Dieu : on est arrivé à Dieu par divers chemins : tout chemin mène à lui. Une brève étude sur l'intelligence nous a conduits nous-mêmes à un commun Auteur de la nature et de l'esprit. Je n'arrête ici votre attention que sur une seule preuve, toute simple ; et, bien considérée, elle suffira.

Ne faut-il pas, s'il existe quelque être, qu'il en existe un par lui-même, par sa propre essence, indépendamment de toute condition d'existence, incréé, absolu ? Il faut bien qu'un tel être existe : ou le monde, ou un auteur du monde : si l'être existe (et il existe, puisque nous sommes), si, dis-je, l'être existe, c'est qu'il existe un être par soi. C'est peut-être le monde ; c'est peut-être une cause du monde, distincte du monde et supérieure. Si le monde a une cause, la cause du monde, ou la cause de cette cause, la première enfin, prochaine ou éloignée, est un être par soi ; s'il n'en a pas, il est lui-même un être par soi. Comment échapper à l'une de ces deux alternatives ? Il pleut ou il ne pleut pas, c'est l'un ou l'autre ; le monde a une cause, ou n'en a pas, choisissez : s'il n'en a pas, il est par lui-même ; s'il en a, il est, de près ou de loin, par un être qui est par lui-même.

Or, un être qui n'est point par un autre, mais par lui-même, est sans commencement, sans limites, sans dépendance d'aucune sorte : il est toujours tout ce qu'il est, toujours tout entier et absolument lui-même, infini, non par l'extension d'un être répandu dans le temps et dans l'espace, mais par la perfection de l'être. Comme il est par lui-même, il se suffit à lui-même, et il suffit à tout : il est absolument, infiniment, parfaitement : parfait parce qu'il est infini, infini parce qu'il est absolu, absolu par l'essence de son être, qui est d'être. Il est le parfait être. Il est tout le possible de l'être, en réalise tout l'idéal, en épuise l'idée entière, en résume toutes les puissances, intelligence, force, amour : il est donc toute raison comme toute sagesse et toute justice, et encore toute bonté : une force infinie à la disposition d'un parfait vouloir de tout ce qui est bien.

L'être parfait est Dieu. Messieurs, êtes-vous par vous-mêmes ? Non. Alors vous êtes par Dieu. Le monde est-il par lui-même ? Non ? Il est par Dieu. Oui ? Il est Dieu. Est-il donc par lui-même, ou par un Auteur de son être ? S'il est par lui-même, il est absolu, éternel, infini, parfait, il est une parfaite volonté, toute-puissante, mais toute sage et toute bonne, du bien : il est Dieu. Tels ne sont pas les êtres du monde visible ; tels ne sont pas les êtres finis et particuliers dont il se compose. Tel est-il dans son ensemble, dans sa totalité, dans l'unité de son être ? Mais cette unité est une totalité, un ensemble, une collection d'êtres ; il n'est pas un être : il n'est donc pas le parfait être, tout puissant, tout sage, tout bon, l'être absolu. Mettez-vous cet être dans le monde, et le monde en lui : comme une âme du monde, qui lui serait à la fois présente et supérieure : présente, parce que vous ne voudriez pas le séparer d'un monde dont il ferait l'être; supérieure, parce qu'il en ferait l'être et serait lui-même un être que le monde n'est pas, l'être parfait, l'être absolu ? Eh! qu'importe ? Si uni que vous le conceviez au monde, il n'est pas le monde, et c'est Dieu.

Vous avez entendu Voltaire. Ecoutez Bossuet. Voltaire et Bossuet, bien étonnés de se rencontrer ensemble! Mais aussi s'agit-il de Dieu. L'évidence de l'existence de Dieu s'impose à tout esprit : il suffit de le regarder pour le voir. Et, en vérité, ceux qui ne le voient pas ne le regardent pas : ils regardent ailleurs. Écoutez donc cette admirable page de Bossuet :

« De toute éternité Dieu est, Dieu est parfait, Dieu est heureux, Dieu est un. L'impie demande : Pourquoi Dieu est-il? je lui réponds : Pourquoi Dieu ne serait-il pas? Est-ce à cause qu'il est parfait, et sa perfection est-elle un obstacle à l'être? Erreur insensée! Au contraire, la perfection est la raison d'être. Pourquoi l'imparfait serait-il, et le parfait ne serait-il pas ? C'est-à-dire, pourquoi ce qui tient plus du néant serait-il, et que ce qui n'en tient rien du tout ne serait pas? Qu'appelle-t-on parfait? Un être à qui rien ne manque. Qu'appelle-t-on imparfait? Un être à qui quelque chose manque. Pourquoi l'être à qui rien ne manque ne serait-il pas plutôt que l'être à qui quelque chose manque? D'où vient que quelque chose est, et qu'il ne se peut pas faire que le rien soit, si ce n'est parce que l'être vaut mieux que le rien, et que le rien ne peut pas prévaloir sur l'être, ni empêcher l'être d'être? Qui peut donc empêcher que Dieu ne soit, et pourquoi le néant de Dieu, que l'impie veut imaginer dans son cœur insensé, pourquoi, dis-je, ce néant de Dieu l'emporterait-il sur l'être de Dieu? Et vaut-il mieux que Dieu ne soit pas que d'être? O Dieu! On se perd dans un si grand aveuglement. L'impie se perd dans ce néant de Dieu, qu'il veut préférer à l'être de Dieu; et lui-même, cet impie, ne songe pas à se demander à lui-même : pourquoi il est? Mon âme, âme raisonnable, mais dont la raison est si faible, pourquoi veux-tu être, et que Dieu ne soit pas? Hélas! Vaux-tu mieux que Dieu? Ame faible, âme ignorante, âme dévoyée, pleine d'erreur et d'incertitude dans ton intelligence, pleine dans ta volonté de faiblesse, d'égarement, de corruption, de mauvais désirs, faut-il que tu sois, et que la certitude, la compréhension, la pleine connaissance de la vérité et l'amour inmuable de la justice et de la droiture ne soit pas? »

Voilà Dieu! Le voilà sans preuve régulière, mais avec une fusion de toutes les preuves ensemble. Le voilà dans un cri de l'âme, tel que toute âme l'affirme, tel que l'humanité l'adore.

Un tel Dieu est Providence : il gouverne le monde; il assure le règne de la justice, le triomphe du bien. Il nous a donné la liberté, un pouvoir de faire le bien, qui est un pouvoir de faire le mal, pour que nous soyons nous-mêmes les auteurs de notre bien; pour que, destinés à la félicité, nous en soyons dignes, et c'est alors que nous la posséderons. Nous ne sommes point ici-bas pour être heureux, mais pour mériter de l'être. Notre loi n'est pas de recevoir le bonheur, mais de le conquérir. Quand nous l'aurons conquis, il sera nôtre. Nous serons heureux d'un bonheur qui sera notre œuvre. Nous jouirons d'un être dont nous avons reçu le fonds, dont nous créons la forme, dont nous aurons fait nôtre tout le bien, par le constant effort d'une volonté, libre coopératrice de Dieu.

3. — Si Dieu existe, et vous voyez qu'il existe, l'âme est immortelle. L'immortalité en est prouvée : 1° par la simplicité de son être ; 2° par la sanction de la loi morale ; 3° par la destination de l'homme. Ces trois preuves sont inséparables : elles se fortifient et se complètent mutuellement.

1° La simplicité de l'être spirituel est établie en psychologie, avec l'existence même de l'âme. De ce que l'âme est un être simple, il résulte qu'elle est indissoluble, indestructible, impérissable par nature : elle ne pourrait périr que par anéantissement. Mais rien ne s'anéantit ; la matière elle-même, dans les éléments simples, dans les forces primitives qui la constituent, est impérissable. L'âme, qui est une force d'un ordre supérieur, ne le sera-t-elle pas au même titre, quand elle devrait l'être à un titre supérieur ?

Cette preuve, célèbre dans l'école, n'établit que l'immortalité substantielle de l'âme, ou plutôt la permanence de son être ; reste celle de la personne, ou du moi.

2° Celle-ci s'établit par la sanction de la loi morale.

Il est conforme à l'ordre, et par conséquent à la sagesse divine, que la vertu soit récompensée et le vice puni. La punition est une expiation, qui a pour but le retour à l'ordre. Ôtez donc la punition, ôtez l'expiation, il y aura dans le monde un désordre permanent, contraire à tout gouvernement de sagesse comme de justice, à toute Providence.

Nous ne reviendrons pas sur l'insuffisance des sanctions terrestres de la loi morale. Dieu existe, et sa Providence : toutes choses sont donc gouvernées conformément à l'infaillible sagesse, à l'infaillible justice de Dieu. D'où il suit que la sanction de la loi morale existe, dans ce monde visible, ou dans un autre. Commencée, à peine ébauchée dans la vie humaine, elle se continue et s'achève dans une autre vie. L'âme survit au corps, non seulement comme substance et dans son être, mais encore, mais surtout dans sa personne, avec son caractère propre, ses inclinations modifiées par sa conduite, ses souvenirs. Elle est après la mort ce qu'elle était avant la mort, mais dans une condition différente ; elle change de milieu, non de nature ; elle entre avec tout son être, primitif et acquis, dans le milieu qui convient à son état moral. Il faut, en effet, qu'elle conserve avec son identité la conscience de son identité, pour qu'elle soit la même âme ; et il faut qu'elle soit la même âme pour qu'elle soit justemement récompensée ou punie.

3° La vie future aura-t-elle un terme à son tour, ou devons-nous vivre perpétuellement ? Tel est, dans toute sa portée, le problème de la destinée humaine.

C'est une des idées premières de la raison, que toute chose tend à un but, que tout être a une fin. Non seulement donc l'homme a une fin ; mais, à la différence des êtres inférieurs qui vont à leur fin sans en avoir l'idée, il en a l'idée, et s'inquiète de la connaître, de l'atteindre. Sa vie résulte d'une suite d'actions qui la produisent ou l'entretiennent, ayant pour fin sa vie même. Et lui, ne vit-il que pour vivre ? et, tandis qu'une foule d'actions se rapportent à sa vie, sa vie ne se rapporte-t-elle à rien ?

Il s'ensuivrait qu'il n'a point de fin, ni d'autre bien à chercher au-delà de son être actuel : comment se fait-il, s'il en est ainsi, que les joies de la vie ne le contentent pas, et qu'il ne trouve dans les satisfactions terrestres que lassitude, dégoût et tristesse ? Le propre des vrais biens est de rassasier l'âme, qui, parvenue à sa destination, ne désire, ni même ne conçoit plus rien au-delà.

Il s'ensuivrait en outre que l'homme a le droit de faire tout ce qui peut servir à son bien-être ; mais c'est le renversement de la morale. Voici un homme qui ne travaille que pour vivre... Le croyez-vous, Messieurs ? C'est un honnête homme. Il se condamne à un travail pénible et peu profitable. Il pourrait, par des falsifications, des fraudes, ou par quelque autre métier lucratif mais vilain, bref, s'il voulait mal faire, satisfaire mieux ses appétits : mais non, il se contente de ce qu'il gagne honnêtement, il se prive par vertu ; il ne voudrait pas jouir de la vie au prix du mal. Travaille-t-il donc pour vivre ? Il travaille, en vérité, pour une autre fin, puisqu'il subordonne le bien-être de la vie, la vie même, à quelque chose de supérieur. Tout honnête homme agit ainsi. Tout honnête homme affirme ainsi, par sa conduite même et souvent à son insu, une autre fin de sa conduite que sa vie, une vie supérieure à sa vie présente, un être éternel.

Donc, et l'expérience montre qu'il n'a point sa fin ici-bas, et la raison affirme qu'il est pour une autre fin que son être présent, puisque tout être a une fin.

La fin d'un être est dans un rapport nécessaire avec sa nature. C'est donc par la nature de l'homme, c'est par l'étude des éléments qui la constituent, des penchants et des inclinations qui la poussent vers certains objets, de ses facultés, de ses énergies, qu'on déterminera sa fin. Qu'est-ce donc que l'homme? Une âme servie par un corps. Tel est l'homme que nous donne l'âme que nous avons étudiée, intelligente et libre, ayant par conséquent sur le corps un empire au profit de son propre être. Car il convient que l'inintelligent soit gouverné par l'intelligent et pour l'intelligent, le corps par l'âme et pour l'âme. L'âme ne doit donc pas chercher la fin du corps, mais sa propre fin ; et il ne convient pas non plus que l'âme cherche sa fin et le corps la sienne, mais il faut que le corps serve à la fin de l'âme. C'est donc la nature de l'âme qui seule détermine la fin de l'homme. Vous avez vu dès l'abord qu'elle est le véritable homme, elle est le moi : vous et votre corps êtes deux, vous et votre âme n'êtes qu'un.

Or l'âme tend, par toutes les puissances de son

être, la vérité, la beauté, la justice infinies, au bien parfait. L'homme a donc pour fin le bien parfait, Dieu même : donc une vie divine, éternelle.

Si Dieu anéantissait l'âme, fût-ce après des milliers de siècles, il arrêterait son développement infini, il lui retirerait un être qui n'aurait pas encore accompli sa fin, atteint la perfection suprême. Lui en aurait-il donc inspiré l'amour, avec une invincible horreur du néant, dans l'unique but de tromper ce noble amour, qui aurait pour objet l'être parfait et pour terme le néant, qui n'élèverait l'homme à Dieu que pour l'engloutir dans le néant ? Le néant n'a point de place dans l'œuvre de Dieu.

4. — L'homme, étant libre, doit mériter sa destinée pour l'accomplir. La perspective infinie qui s'ouvre ainsi devant le regard de son âme n'est donc pas, en ce qu'elle a d'heureux, une certitude, mais une espérance tempérée par une crainte. Qu'il se conduise bien, elle ne lui faillira pas. Qu'il se conduise mal, il souffrira de sa destinée manquée : la même, mais renversée ; également sans terme, mais non plus pour son bonheur..., du moins tant qu'il n'aura pas librement réparé le mal qu'il avait librement commis ! Le pourra-t-il jamais ? Quand ? Comment ? Sous quelle forme ? C'est le mystère de la vie future.

La morale ne dépend point des peines et des récompenses à venir. La vertu, nous n'avons cessé de le répéter, doit être recherchée pour elle-même : « Fais ce que dois, advienne que pourra ! »

On va disant que la sanction de la loi morale fait de

la conduite humaine une conduite intéressée, et détruit ainsi le caractère absolu de l'obligation, le principe qui est la base de la morale même : en sorte que la conséquence détruirait le principe. Il n'en est rien. Le juste ne cherche pas son avantage, il fait son devoir. Il consent à souffrir et à mourir pour la justice ; mais il n'est pas juste que le juste souffre et meure. Il consent à être dupe de sa vertu, et, la vertu ne fût-elle qu'un nom, il serait vertueux : mais il n'est pas juste que le juste soit dupe de sa vertu, il n'est pas juste que la vertu ne soit qu'un nom. La justice à laquelle il se sacrifie est violée en même temps que respectée, s'il est victime de son respect pour elle. S'il n'agit qu'en vue de la récompense, il n'en est pas digne ; mais s'il agit pour le bien, il est digne de la récompense qu'il ne demande pas. Il ne la demande pas, mais la justice et la raison la demandent pour lui.

La première des trois preuves de l'immortalité que je vous ai présentées, Messieurs, montre que l'être de l'âme est impérissable, si Dieu ne l'anéantit pas. La seconde, que Dieu ne peut anéantir à notre mort ni l'âme, ni la personne humaine, parce qu'il faut que l'accord du bien et du bonheur soit réalisé tôt ou tard. La troisième, que Dieu ne peut jamais anéantir une âme qu'il a faite pour l'infini.

LIVRE DEUXIÈME

MORALE PRATIQUE — APPLICATIONS

CHAPITRE PREMIER

DIVISION DES DEVOIRS

Faire le bien, c'est agir en vue du bien ; c'est travailler à réaliser le bien, à devenir bon, à être ce qu'on doit être. Homme, on doit être homme. « Sois homme, » cet unique mot résumerait au besoin toute la morale. Autant que tu le pourras, sois l'homme que tu dois être ; accomplis en toi, dans la mesure de ton pouvoir, le parfait homme ; agis de manière à réaliser en toi, homme, l'idéal de l'être humain.

1. — Il faut, avant tout, en conserver la réalité donnée : c'est le premier devoir. On en réalisera l'idéal ensuite, du mieux qu'on pourra le faire. Si l'homme est un être moral, capable de devoir, il a pour premier devoir de respecter cet être même ; s'il a des devoirs, il a d'abord celui de ne pas se rendre impuissant à les remplir, de ne pas attenter à la liberté, à la

raison, à la vie d'autrui, ni à la sienne. Si le devoir est de faire le bien, il est d'abord de ne pas faire le mal : c'en est le commencement, et la condition.

De là deux sortes de devoirs : les uns *négatifs :* ils défendent le mal, ils commandent l'abstention : « Abstiens-toi, ne fais pas »; par exemple : « Ne fais pas à autrui ce que tu ne voudrais point qui te fût fait à toi-même »; les autres *positifs :* ils ordonnent le bien, ils commandent l'action : « Agis, fais à autrui ce que tu voudrais qui te fût fait à toi-même. »

Les devoirs négatifs sont *stricts*, les devoirs positifs sont *larges*. Ils ne sont pas moins d'obligation les uns que les autres : tout devoir oblige; et qu'est-ce que l'obligation, sinon le devoir même? Devoir faire ou ne pas faire, être obligé de faire ou de ne pas faire, n'est-ce pas tout un? Mais il est toujours possible de ne pas faire, de s'abstenir, d'éviter le mal, et les devoirs négatifs obligent absolument; il n'est pas toujours possible d'agir, on ne peut faire tout le bien, et les devoirs positifs n'obligent pas à tout le bien, ni à telle forme de bien déterminée, mais à un bien dont ils nous laissent le choix. Les uns nous défendent tout le mal, ils sont d'obligation étroite; les autres nous commandent le bien que nous pouvons faire, et c'est à nous de le choisir : ils sont d'obligation large.

2. — Réaliser l'idéal de l'être humain n'est point réaliser la perfection d'un être solitaire, mais d'un être en rapport avec d'autres, sans lesquels il ne serait pas : l'homme n'est pas sans les hommes, ses semblables, sans l'humanité; l'humanité n'est pas sans l:

nature, ni la nature sans Dieu. L'homme a des devoirs comme être en possession d'une existence propre, comme individu : c'est la morale individuelle ; il en a comme être vivant en société : c'est la morale sociale ; il en a comme être en rapport avec la nature et avec l'auteur de la nature : c'est la morale religieuse.

Telle est la division généralement reçue de nos devoirs ; elle est exacte, elle est complète. Nos devoirs envers la nature (nous en avons) sont compris dans nos devoirs envers Dieu : si nous devons un certain respect aux choses, c'est à l'auteur des choses que nous le devons : comme nous devons le respect d'un cheval non au cheval, mais à son maître, ou le respect d'une statue non à la statue, mais au statuaire qui l'a faite.

Divisons donc les devoirs en trois classes : devoirs de l'homme relatifs à lui-même ; devoirs de l'homme envers ses semblables ; devoirs de l'homme envers Celui qui est le principe de son être comme de tout être, Dieu.

CHAPITRE II

MORALE INDIVIDUELLE

1. — Chacun de vous, mes amis, a des devoirs en qualité de personne humaine, dans la solitude même, au désert : Robinson dans son île a des devoirs. Si le bien est, pour un être, la perfection de son être, s'il est, pour l'homme, la perfection de l'homme, il est,

pour chaque homme, de travailler à sa perfection propre ; et celui-là fait le mal, qui manque par sa faute quelque chose de la perfection dont il serait capable. Intelligence, bonté, beauté, talent, et la force et la grâce, tout ce qui constitue la perfection, est le bien : le bien moral est de le vouloir ; le mal moral, de vouloir un autre avantage au prix de celui-là. L'imperfection est un malheur, tant qu'elle est involontaire ; l'imperfection volontaire est péché.

Tel est donc votre devoir : accomplir votre être. Vous le connaissez. Considérez la personne humaine, l'homme individuel : c'est, vous le savez, l'union d'un corps et d'une âme. Vous l'avez reconnue « une âme servie par un corps. » La morale individuelle comprendra donc des devoirs de deux sortes, les uns qui regardent l'âme, les autres le corps. Mais l'âme seule fait le bien ou pèche, et c'est toujours à l'être spirituel que se rapportent les devoirs même relatifs au corps : ceux-ci d'ailleurs subordonnés aux premiers, comme le corps l'est à l'âme.

2. — Les devoirs envers l'âme sont tous compris en un seul, qui est le perfectionnement de soi-même. Nous tenir en garde contre tout ce qui pourrait nous abaisser ou nous dégrader, nous défendre de tout affaiblissement comme de toute déchéance, d'abord ; ensuite, développer les facultés de notre âme : conserver notre être, et l'accroître. La première de ces deux formules, négative et stricte, interdit les vices, tels que l'avarice, la mauvaise foi, la paresse. La seconde, positive et large, prescrit les vertus : la *sagesse*, qui est la

vertu de l'intelligence ; la *tempérance*, qui est la vertu de la sensibilité ; la *force*, qui est celle de la volonté libre.

L'intelligence est faite pour connaitre le vrai, le beau, le bien, c'est-à-dire l'ordre, c'est-à-dire encore le principe substantiel de l'ordre, Dieu. De là ce devoir : « Cultive ton intelligence, pour combattre l'ignorance qui l'éloigne de sa fin, et l'erreur qui l'en détourne. Sois de bonne foi, non pas seulement dans l'expression de ta pensée, mais dans ta pensée même. Ne te mens pas. Ne te trompe pas. L'erreur est coupable, si l'on a pu l'éviter ; l'ignorance qu'on a pu éviter est coupable. Point de paresse, non plus que de prévention ou de passion, d'intérêt, de parti pris : recherche la vérité pour l'amour de la vérité, pour le bien de l'intelligence. » Oui, mes amis, vous vous devez à vous-mêmes, êtres intelligents, de cultiver votre intelligence, d'éviter l'ignorance et l'erreur, de croître en droiture et en élévation de raison. Telle est la vertu de la raison, appelée par les anciens *prudence*, ou encore *sagesse*.

La sensibilité est faite pour aimer ce qui est digne qu'on l'aime, c'est-à-dire le vrai, le beau, le bien, l'ordre, Dieu. De là nos devoirs : au sujet du plaisir, qu'il faut régler ; de la douleur, qu'il faut supporter ; des sentiments intéressés, qu'il faut réprimer ; des sentiments désintéressés, qu'il faut développer en soi. L'homme se doit à soi-même, être sensible, d'exercer sur ses propres inclinations l'empire du maître, de les gouverner, de les diriger, de les régler sans les détruire, de faire effort pour amoindrir en son cœur les basses et pour y accroître, par tous les moyens dont il dispose, par les pénétrantes influences de la musique, de la peinture, de la poésie, de l'art, celles qui, généreuses et hautes, le portent vers l'idéal : telle est la vertu de la sensibilité, appelée par les anciens *tempérance*.

La volonté est faite pour accomplir librement le vrai, le beau, le bien, l'ordre, la loi de Dieu. De là, ce double devoir : « Sois libre. — Mets ta liberté au service du bien. » — Et d'abord, sois libre, soutiens ta dignité d'être libre. Cesser d'être libre, c'est dégrader l'humanité en soi, c'est descendre du rang de personne à celui de chose. Le devoir d'être libre condamne l'esclavage volontaire, l'entière abdication de la volonté propre, le servilisme politique ou religieux. La vertu de la volonté fut appelée par les anciens *courage, force*.

3. — Tous les devoirs envers le corps sont de le conserver et de le développer ; à quoi il faut ajouter : en vue de l'âme.

Préserve ton corps de tout ce qui peut porter atteinte à sa conservation : cette première formule, toute négative, interdit les excès, commande la *sobriété* et la *chasteté* ou la *continence*, deux grands devoirs, d'obligation stricte. La gymnastique, chez les anciens, embrassait, avec ces deux vertus, tout ce qui ajoute à la force et à la souplesse du corps ; elle réalisait ainsi les devoirs larges qui résultent du commandement de la fortifier et de l'accroître : c'est la seconde formule.

Le crime qui résume toutes les fautes que l'on peut commettre contre la première formule, c'est le *suicide*. Si l'on est coupable de se tuer lentement, et en quelque sorte involontairement, par la violation volontaire des vertus conservatrices du corps, combien plus est-on coupable de se tuer volontairement! Tant qu'il est possible à l'homme d'accomplir le bien, l'homme a le devoir de vivre. Le suicide est un crime de l'individu envers soi-même ; envers la société, qu'il prive d'un de ses membres par une désertion ; envers Dieu, à la volonté duquel il dérobe, par un acte d'orgueil, ou de défiance, ou de désespoir, un être moral. L'homme qui se tue détruit, autant qu'il est en lui, l'être moral et, par suite, la moralité même, quant à son existence. Il agit directement contre le principe même du devoir.

Ne dites pas, Messieurs, qu'étant immortels, il ne saurait détruire l'être moral, indestructible comme lui-même : il le détruit autant qu'il est en lui, quand il se tue ; il détruit son être moral d'homme. Homme, il a des devoirs d'homme, non des devoirs d'ange : s'il se tue, il se prête peut-être aux devoirs d'ange, il se refuse aux devoirs d'homme. C'est l'idéal de l'être humain qu'il doit réaliser, non de l'être angélique, ou d'un autre; quand, au lieu d'en réaliser l'idéal, il n'en conserve pas même ce qu'il tient, est-il bien venu à se flatter d'un autre devoir? Il ne s'agit point d'un autre devoir, mais de celui-là.

Ne dites pas, surtout, que la vie humaine est dure, que la terre est un enfer, qu'il s'y rencontre des malheureux dont l'infortune lamentable n'a d'autre remède que la mort ; que le suicide est bien permis, sans doute, à ces malheureux ! Ce n'est pas pour être heureux qu'ils sont nés, vous le savez : c'est pour mériter de l'être. La vie humaine est l'enfantement de la vie éternelle : on enfante dans la douleur. Nous souffrons tous, plus ou moins ; chacun a son épreuve. L'inégalité des épreuves est un des mille problèmes dont la discussion n'appartient point à ce cours. Qu'il y ait de telles infortunes qu'on en devienne fou et qu'on se tue, la folie excusera peut-être le crime : le suicide reste en lui-même un crime : la forfaiture de l'homme qui, se sauvant de l'humanité, en déserte les devoirs.

L'homme se doit donc de conserver son corps, et de le soigner, dans la mesure du bien de l'âme.

4. — Que votre corps soit propre, sain, en bon état, entretenu dans sa force et dans sa grâce décente, non pour ce qu'il vaut, mais pour ce que vaut la personne humaine, dont il est l'instrument. Mais il en est aussi la demeure. Il faut donc aussi l'orner et le parer dans une juste mesure, entretenir et embellir cette demeure ou plutôt ce temple de l'âme, « mettre l'extérieur en harmonie avec un intérieur lui-même bien réglé », dit Platon.

Soyez, suivant le mot du poète Horace, « une âme saine dans un corps sain ». Mais n'exagérez pas ce devoir ; ne sacrifiez pas l'âme au corps, le maître au serviteur : sachez sacrifier, au contraire, le corps à l'âme. Ce n'est pas vous sacrifier, mais votre corps à vous-même. Sachez veiller, travailler, peiner, pour le service de votre esprit ou de votre cœur; sachez souffrir, sachez mourir : la mort volontaire, non point sans doute cherchée, mais acceptée, n'est pas suicide, mais héroïsme. On meurt pour l'humanité, pour la vérité, pour la justice; on meurt pour ses enfants ; on meurt par dévouement; on meurt par devoir : tel meurt le soldat pour la défense de la patrie.

CHAPITRE III

MORALE SOCIALE. — DEVOIRS GÉNÉRAUX.

L'homme ne vit pas seul. Il vit en société avec des hommes, avec des parents, avec des concitoyens. Il peut donc avoir avec ses semblables trois sortes de rapports : des rapports généraux comme membre de l'humanité ; des rapports particuliers comme membre de la famille ; d'autres rapports, également particuliers, comme membre de la société civile ou de l'État.

1. — Dès qu'un homme est en contact avec d'autres hommes, qu'ils soient ou non de la même famille, de la même cité, étrangers ou compatriotes, parents, amis, ennemis, il n'importe : il leur doit, et ils lui doivent. Il y a des devoirs d'homme à homme.

Si le devoir est de faire le bien, si le bien est pour l'homme la réalisation de son être idéal, ce sera mal faire que de mettre obstacle à cette réalisation, chez autrui comme chez soi-même ; et ce sera bien faire que d'y travailler, non seulement pour soi, mais pour autrui : car l'individu et l'humanité sont termes inséparables : les deux ensemble, l'un dans l'autre, et l'un par l'autre, sont l'homme. L'être de l'homme ne saurait être réalisé dans l'humanité hors des individus par lesquels elle-même se réalise, ni dans les individus hors de l'humanité par laquelle ils sont tout ce qu'ils sont : ils sont par elle, elle est en eux.

N'empêche pas tes semblables de réaliser leur être, qui est, avec ton bien, le bien de l'homme ; aide tes semblables à réaliser leur être, qui est, avec ton bien, le bien de l'homme. Ici encore, deux formules, l'une négative et stricte, l'autre positive et large : *justice*, *charité*. Devoir d'être juste, devoir d'être bon.

Être juste : « Ne fais pas à autrui ce que tu ne voudrais point qui te fût fait. » Cette loi est négative ; elle ordonne de ne pas faire, de s'abstenir. Tout le monde peut toujours s'abstenir. La justice est de devoir strict.

Être bon : « Fais à autrui ce que tu voudrais qui te fût fait. » Cette loi est positive ; elle ordonne de faire, d'agir. Tout le monde ne peut pas toujours agir pour tous. La bonté est de devoir large.

Il arrive qu'on pousse la bonté jusqu'au sacrifice de soi-même : c'est le dévouement, devoir plus large encore, perfection du bien moral qui surpasse le devoir.

2. — La justice est le respect du bien d'autrui. Elle n'est pas seulement obligatoire, elle est *exigible*. C'est

la double différence entre la justice et la charité : l'une de devoir strict, l'autre de devoir large, première différence ; mais en outre, tandis que les autres devoirs stricts ne comportent pas la contrainte, la justice la comporte. Elle résulte d'un droit d'autrui sur nous, comme de nous sur autrui : nous pouvons l'exiger des autres, les autres peuvent l'exiger de nous.

Si nous avons des devoirs à remplir, nous avons le droit de n'en être pas empêchés, d'opposer la force même à la violence qui mettrait obstacle à notre effort pour le bien. La condition d'un tel effort est la liberté, vous le savez. Il est vrai que, devant en user pour le bien, nous pouvons en user pour le mal : mais qui nous en ravirait l'usage nous ôterait, avec le pouvoir de mal faire, celui de bien faire. Il détruirait en nous l'être moral.

Nous devons donc être respectés dans notre liberté : la liberté d'un être moral n'a de limite que le point où elle-même cesserait de respecter celle d'autrui. Nous nous devons les uns aux autres le respect réciproque de nos libertés : arrêtons-nous devant la liberté d'autrui, arrêtons autrui devant la nôtre : pleine liberté jusque-là. Tel est le droit.

Non point telle liberté déterminée, mais la liberté entière. Non point une liberté du bien qui ne serait pas celle du mal : car elles sont inséparables. La liberté du bien est celle du mal : elle est la liberté. La liberté est ou n'est pas. Qui peut le bien peut le mal ; et qui ne serait pas libre de mal faire ne le serait pas de bien faire, parce qu'il ne serait pas libre. Sa conduite, dont il ne serait pas le maître, ne serait pas moralement bonne. Il ne ferait que le bien, dit-on? Non. Il ne le ferait pas librement, et dès lors ce ne serait plus le bien.

Sans doute, le droit qu'a l'homme d'agir à son gré n'est pas le droit de commettre innocemment le mal; nul n'a soutenu pareille sottise. Il est le droit d'être criminel, si l'on veut l'être au risque de sa propre condamnation et de sa perte; il est le droit de n'être pas empêché de vivre comme on veut vivre, pourvu qu'on n'empêche pas les autres de vivre aussi comme ils veulent et de ne répondre aussi de leur vie qu'à Dieu seul. Si la liberté est le pouvoir de choisir entre le bien et le mal, elle ne sort pas de son terrain quand, pouvant choisir le bien, elle choisit le mal ; elle est dans le légitime exercice de son pouvoir, qui n'est pas une direction, mais une force; elle est dans son droit. De ce que l'homme a le pouvoir de choisir le mal, s'ensuit-il, me dit-on, qu'il ait le droit de le faire ? L'homme, non : parce que l'homme n'est pas seulement une liberté, mais encore une raison. En tant que libre, il en a le droit; en tant que raisonnable, il n'en a pas le droit. Je veux dire que, quand il fait le mal, il est dans le droit de sa liberté, non de sa raison ; il est dans son droit devant l'homme, non devant Dieu. Il use de sa puissance, et il en use à ses risques : nul, ni individu, ni société, n'a le droit de l'empêcher d'user à son gré d'une puissance qui lui a été remise précisément pour être l'épreuve de son mérite. Qu'il en use bien ou mal, il sera récompensé ou puni : il a un juge. L'homme n'est pas le juge de l'homme. L'État n'est pas institué pour le juger, mais pour le protéger contre les agressions; l'État est le droit armé, non le bien armé.

Quand un homme agit contre un autre, il use de sa liberté, mais l'usage qu'il en fait est d'ôter à un autre l'usage de la sienne : il cesse alors d'être dans son droit, non point parce qu'il agit mal, mais parce qu'il attente au droit d'un autre. Car, si l'usage, bon ou mauvais, de sa liberté est son droit, l'usage bon ou mauvais de la liberté de l'autre est aussi le droit de l'autre : voilà deux droits qui se heurtent, deux droits égaux. « Il n'y a point de droit contre le droit (Bossuet). » Le premier n'a pas droit contre le droit du second, ni le second contre le droit du premier : et c'est pourquoi leurs droits égaux se limitent réciproquement.

En résumé, tout usage de notre liberté est-il bon ? Il peut être mauvais; mais, bon ou mauvais, il est légitime, dès qu'il respecte celle d'autrui. A nous d'en faire un bon usage : c'est notre responsabilité devant notre conscience et devant Dieu; à autrui de respecter l'usage, quel qu'il soit, bon ou mauvais, qu'il nous plaît d'en faire. Notre devoir est d'en bien user; mais d'en user bien ou mal, c'est notre droit.

Vous avez vu, mes amis, le droit fondé sur le devoir. Il est la condition du devoir. Il sera, chez le magistrat, chez le père, chez les hommes revêtus d'autorité, la condition du devoir de leur charge. Il est, dans le rapport d'homme à homme, la condition générale de tout devoir, la liberté. Il est alors le respect dû à la liberté, à l'inviolabilité de l'être moral comme tel.

La liberté, dis-je, avec tout ce qu'elle enveloppe : en elle-même, dans la vie et l'intelligence qu'elle présuppose, dans son exercice, dans ses instruments, dans ses œuvres.

De là, dans l'unité du droit, un double droit : droit relatif à la *personne* même, vivante, raisonnable, libre ; droit relatif à la *chose* où la personne se retrouve, qui en émane, qui en est comme un prolongement hors d'elle. Les deux crimes contraires à la justice, les deux méfaits qu'elle condamne au nom de ce double droit, sont l'*homicide* et le *vol*.

3. — L'homicide est l'attentat contre la personne d'autrui. Blesser, frapper sans raison, sont des actes qui rentrent dans l'homicide. De même, injurier, diffamer, calomnier, médire, mentir, nuire d'une manière quelconque aux personnes.

L'homicide, dans le sens propre du mot, est l'attentat contre la vie. Vous connaissez le grand commandement : « Tu ne tueras pas. » Ce commandement comporte-t-il des exceptions ? L'homicide est-il quelquefois permis ? Oui, lorsqu'il est une défense, et qu'on ne peut l'éviter : quand il faut tuer pour se défendre. Le droit est précisément la faculté d'exiger ce qui est dû, même par la contrainte ; de repousser la force par la force : il interdit l'attaque, il autorise la défense. Il permet dans le cas de légitime défense l'homicide qu'il condamne en général. L'homicide est toujours un crime; mais le vrai coupable alors, c'est l'agresseur.

4. — La peine de mort appliquée par la société civile, la guerre, le duel, rentrent-ils dans ce droit de légitime défense?

La peine de mort et la guerre, cela dépend; on ne peut répondre d'une manière absolue.

L'État, protecteur de la société, peut-il assurer la sécurité publique sans recourir à la peine de mort? La peine de mort, dès qu'elle cesse d'être nécessaire, cesse d'être légitime. Que si l'on souscrit au mot spirituel d'Alphonse Karr, demandant, pour accorder l'abolition de la peine de mort, « que messieurs les assassins commencent; » si l'on estime qu'il faut que celui qui a tué soit tué à son tour, au nom de la justice : c'est l'ancienne loi, répondrai-je, *œil pour œil, dent pour dent;* mais il est temps d'appliquer une loi plus humaine, et qui tienne un plus digne compte des âmes. Certes, il ne faut pas aller à la légère, ce me semble, quand il s'agit de la mort d'un homme, quand il s'agit d'ouvrir à un être impérissable une destinée, dont les conditions ont quelque chose qui épouvante. Laissons à Celui qui nous imposa l'épreuve de la vie terrestre le soin de la terminer à son heure... *Homicide point ne seras :* il n'y a d'exception que par une extrême nécessité de se défendre. Mais avons-nous besoin de tuer nos semblables, pour nous défendre contre ses crimes futurs, ou contre les crimes possibles de ses pareils? Si pourtant le malheur de siècles encore barbares, si l'imperfection des hommes, nous fait une triste loi de la peine de mort, espérons du moins qu'il n'en sera plus de même dans une démocratie qui, grâce à l'instruction universelle, grâce à la propriété devenue un jour peut-être proportionnelle au travail, ne connaîtra plus ni l'ignorance morale ni la misère, ces deux grandes sources du crime.

Dans la société naturelle, quand il n'y a point de tribunaux, point de force commune qui assure la justice, chacun se fait justice à lui-même comme il peut. Tels sont les peuples entre eux : ils ne relèvent point de quelque tribunal supérieur ; ils sont leurs propres juges, les seuls soutiens de leur droit : si on les attaque, ils se défendent comme ils peuvent. Un État juste aime la paix, et sait, au besoin, ne pas reculer devant la guerre. Criminelle quand elle offense un droit, la guerre, quand elle protège un droit offensé, est légitime ; et c'est alors qu'elle est glorieuse en proportion des héroïques vertus qu'elle exige. Responsable de tout ce qu'il y a de beau dans le courage de chaque homme qui se sacrifie et qui meurt, ou de tout ce qu'il y a d'horrible dans la férocité de chaque homme qui pille et qui tue, elle est toujours, selon qu'elle offense ou protège le droit, le plus épouvantable forfait, ou une douloureuse mais généreuse occasion d'héroïsme.

Le duel est une guerre entre deux particuliers qui n'ont pas le droit de se faire la guerre, auxquels n'appartient plus le droit de guerre et de paix, dans une société civile où ils relèvent des tribunaux. Ils retournent par le duel de la cité à la nature, de la civilisation à la barbarie. Et pourquoi? A quel titre? Comment le duel pourrait-il être une légitime défense? Une défense de qui? Contre qui? Il y a un offenseur et un offensé. L'offenseur a commis une injustice : qu'il la répare. La répare-t-il, s'il offre ou même s'il accepte le duel? Il s'expose à sa propre mort, ou à celle d'autrui : ou suicide, ou homicide; ou il se tue, ce qui est un crime, ou il tue celui à qui il a fait un tort, ce qui, on l'avouera, n'en est pas la réparation. L'offensé est plus excusable. Mais d'abord, il est juge et partie; ensuite, il se fait justice à lui-même, portant ainsi atteinte au principe de toute société régulière; enfin, juge et bourreau, il prononce et exécute tout ensemble, de son autorité privée, pour punir une offense quelquefois légère, une peine dont on dispute à la loi le droit de punir les plus grands crimes.

5. — Ce n'est pas assez de respecter la vie : il faut respecter la liberté, l'intelligence, les opinions, l'honneur. Même, s'il faut respecter la vie, c'est parce qu'il faut respecter la liberté constitutive de l'être moral. Point d'être moral, s'il n'est libre; mais point d'être libre, si d'abord il n'est vivant, et raisonnable.

Respectez donc, avec la vie, l'intelligence. Ne trompez pas, ne mentez pas. Ne faussez pas les esprits, ne détournez pas la vérité des oreilles qui s'ouvrent pour la recevoir. C'est faire le bien que la répandre; l'arrêter ou la comprimer, ou la détourner de sa route, c'est faire le mal; c'est mal faire encore que l'altérer, et, la connaissant, prêcher l'erreur ou l'imposture.

L'esclavage est injuste. Un homme n'est point le

maître d'un autre homme. Tout homme s'appartient ; vous ne pouvez disposer d'un autre malgré lui, et lui-même ne peut que se prêter ou se louer, non se donner ou se vendre. Il peut s'engager, à des conditions débattues entre lui et vous, pour un temps ; il ne peut s'aliéner à jamais : ce serait abdiquer son être moral, et il n'en a pas le droit. Le marché serait nul. Vous ne pouvez accepter de lui l'esclavage volontaire, non plus que le réduire par la force à l'esclavage. On fonde l'esclavage sur le droit du vainqueur, qui, pouvant tuer un vaincu, lui laisse la vie en échange de la servitude : mais ni le vaincu ne peut offrir ou accepter cet échange, qui est une abdication de son être d'homme, un suicide moral, dont il n'a pas le droit ; ni le vainqueur ne peut le lui proposer, n'ayant pas le droit de le tuer en effet : tout est criminel dans une guerre injuste, une guerre juste ne justifie que les meurtres indispensables : il n'en est point d'indispensable après la bataille. Le vainqueur, n'ayant aucun droit sur la vie du vaincu, n'a donc pas à la lui faire payer de la servitude.

Un homme n'appartient pas plus à la terre du seigneur qu'il n'appartient au seigneur lui-même, et le servage n'est pas moins contraire au droit que l'esclavage. Un homme s'appartient : maître de sa conduite, dont il n'est responsable qu'à Dieu, maître de son travail, c'est librement qu'il doit le faire, librement en garder ou en donner le fruit ; et s'il travaille pour autrui, c'est librement, dans le temps et la mesure et aux conditions qu'il veut. Il donne un travail, il reçoit un salaire. Cesse-t-il de recevoir le salaire? il cesse de donner le travail. Ne lui convient-il plus de travailler? il s'arrête, et renonce du même coup au salaire. Si le patron paie l'ouvrier et le maître le serviteur, le serviteur paie le maître et l'ouvrier le patron, par leur travail, dont le salaire ou le gage est le prix, mais qui est aussi le prix du salaire ou du gage : libres également, l'ouvrier comme le patron, le serviteur comme le maître. Le maître n'a rien à prétendre sur le serviteur en outre du service stipulé, ni le patron sur l'ouvrier en outre du travail convenu.

Respectez la liberté du travail, celle de l'industrie, celle du commerce, qui en est la suite. Combien cette liberté a été méconnue ! Que de gens la méconnaissent encore ! A l'esclavage le servage succéda, au servage le régime des maîtrises et des jurandes, celui des corporations ouvrières : chaque métier avait sa corporation, où l'on n'était pas libre d'entrer, d'où l'on n'était pas libre de sortir ; et chacun était sévèrement circonscrit : le boulanger ne pouvait être pâtissier, ni le barbier perruquier : tout était réglé, et nul n'était maître de soi. Tout cela était injuste.

Ne limitez pas l'industrie, et qu'un travail ne soit pas l'exclusion d'un autre. Ne forcez pas au travail qui s'y refuse ; mais qui s'y prête, ne le forcez pas au refus du travail. On voit dans les grèves des ouvriers imposer leur volonté de ne pas travailler à ceux qui travaillent: c'est une atteinte à la liberté, une injustice. On voit des hommes qui tentent d'interdire aux femmes le travail des manufactures : c'est une atteinte à la liberté, une injustice. On en voit d'autres les faire travailler de préférence, parce que leur travail est moins cher : n'abusez pas de ce travail. Abuser du travail des femmes, des enfants, des mineurs, exploiter la faiblesse, autre injustice, et d'un caractère particulièrement odieux.

Odieuse encore est l'injustice qui s'attaque à l'honneur. Dire du mal d'un autre, quand c'est vérité, c'est *médisance;* quand c'est mensonge, c'est *calomnie*. La calomnie est vile, basse, lâche. Elle est une double injustice, joignant au tort qu'elle fait l'imposture ; mais la médisance même est une injustice : elle est toujours un tort fait aux personnes. Nous ne voudrions pas qu'on publiât nos fautes : ne publions point celles des autres. Ne rapportons pas à qui peut punir, à qui peut nuire : la délation, même véridique, est vile, basse et lâche, comme la calomnie : elle est aussi perfidie en même temps qu'injustice.

Respectez la liberté des opinions, des croyances, des doctrines. Voudriez-vous être contraints de penser autrement que vous ne faites? Tolérez donc des idées que vous ne partagez pas. Chacun use comme il peut de sa raison. Le devoir est d'en user bien ; le droit est d'en user. Le droit est de croire ou de ne pas croire, au risque de l'erreur : ceux qui se trompent répondront de leur erreur à Dieu, non pas à vous. Êtes-vous sûrs vous-mêmes qu'ils se trompent ; et ne se pourrait-il que l'erreur ne fût pas de leur côté, mais du vôtre? Respectez la liberté de l'erreur, qui est la liberté de la vérité ; la liberté du mal, qui est la liberté du bien.

Respectez donc les religions et les cultes. Mais ne vous

bornez pas au respect des intérêts graves : respectez jusqu'aux moindres intérêts. Et ne vous bornez pas au respect des intérêts et des actes : respectez les sentiments. Ayez vous-mêmes des sentiments de justice, conformes à vos actes. Ce n'est pas encore être juste, que d'être juste en sa conduite sans l'être dans son cœur. N'enviez point : souffrir de la beauté, du talent, du mérite, du bien d'autrui, c'est aimer le mal d'autrui ; et alors même qu'on souffre en silence et qu'on s'abstient de mal faire, c'est aimer le mal qu'on ne fait pas. Il ne suffit point de ne pas faire le mal, il ne suffit point de ne pas vouloir le mal, il faut encore ne pas l'aimer.

6. — Tel est le respect de la personne d'autrui. Il doit s'étendre à la chose d'autrui, selon qu'elle s'attache à la personne, qu'elle en émane, qu'elle en relève.

Comme l'attentat contre la personne d'autrui est l'homicide, l'attentat contre la chose d'autrui, ou contre la *propriété*, est le vol. « Tu ne déroberas pas. »

La propriété étant nécessaire à la vie, le devoir de respecter la vie entraîne celui de respecter la propriété, qui en est la condition.

La propriété a pour origine légitime et véritable, ou pour principe, le travail. Ce que j'ai produit, ce qui est mon œuvre, m'appartient : mon œuvre est encore moi-même hors de moi. Je pouvais ne pas la faire ; je pouvais, l'ayant commencée, ne pas la continuer, ne pas l'achever ; l'ayant produite, la détruire. Elle existe par moi, elle est donc mienne : je suis le maître de ce dont je suis l'auteur.

Voici une terre qui n'est à personne, je m'en empare : c'est une question de savoir si elle est à moi, s'il y a un droit de premier occupant, si un survenant n'aurait pas le droit de me la disputer. Mais je la cultive, et j'en tire des produits qui sont mon œuvre autant que celle de la nature, des fruits que seule et d'elle-même elle n'eût pas portés : ils sont donc mon œuvre, ils sont à moi. La terre même, améliorée par mon travail, est devenue véritablement mon œuvre, non dans son fond, mais dans sa forme et sa valeur. Car elle n'est plus telle que je l'ai prise : stérile je l'ai prise, elle est fertile ; et c'est à moi qu'elle doit de l'être. Elle était fertilisable, l'homme l'a faite fertile.

Tout ce qui sert aux besoins de l'homme, toute utilité, toute richesse, est œuvre humaine : la nature n'a fourni que des matériaux, l'art a créé les objets mêmes. Terres productives, demeures habitables, vêtements, aliments, tout vient du travail, tout a été fait par l'homme : il est juste que ce que l'homme a fait lui appartienne. Il est juste que ce qu'un seul a fait appartienne à lui seul ; que ce que plusieurs ont fait ensemble leur appartienne dans la proportion du travail de chacun : et c'est ce qui arrive quand chacun reçoit le salaire de son travail : c'est sa part dans la propriété de l'œuvre commune, c'en est le prix. Direz-vous qu'une maison doit appartenir aux ouvriers qui l'ont bâtie ? Oui, s'ils ne l'avaient vendue, en touchant leur salaire. On leur paye, en les employant à la tâche ou à la journée, la part de propriété due à leur part de travail. A moins qu'ils ne préfèrent attendre la vente ou la location de la maison pour toucher en une fois leur part du prix de vente ou chaque année leur part du prix de loyer... Croyez-vous qu'ils s'en trouveront mieux, et que les lenteurs qu'ils auront à subir, les risques à courir, les pertes à supporter peut-être, soient à leur avantage? Aussi s'est-il établi un autre système, où le droit du travail à la propriété, le droit de l'ouvrier sur l'œuvre, est reconnu sous une forme non seulement plus commode, mais plus sûre pour eux.

Mon bien est à ma libre disposition, cela va de soi : je puis le donner, l'échanger ; je puis le transmettre.

Toute propriété qui n'a point pour origine soit le travail, soit la libre transmission, comme donation, héritage, échange, contrats de toute sorte, n'est point légitime. Non que j'aie pour cela le droit de m'en emparer : car elle n'est pas plus à moi qu'à un autre. Fût-elle à moi, je n'en suis pas juge. C'est aux tribunaux d'en juger, et de la faire restituer, s'il y a lieu.

7. — Quand on a pris, il faut restituer. Quand on a fait le mal, il faut le réparer. Quand on a emprunté, il faut rendre. Tout cela n'est que justice : devoir négatif. Le devoir positif est autre. Il ne suffit point de ne pas offenser, il faut pardonner les offenses ; et il ne suffit point de ne pas faire du mal aux autres, ou de réparer le mal qu'on leur a fait, il faut leur faire du bien. A qui? aux amis? Ce n'est pas assez. Aux indifférents? Ce n'est pas encore assez. Faire du bien à ses ennemis mêmes. Que dis-je? Faire du bien à ceux qui nous ont fait du mal. Il faut rendre le bien

pour le bien, et il faut rendre le bien pour le mal. « Tu aimeras ton prochain comme toi-même. »

Étendez votre charité jusqu'aux animaux : ce n'est pas être bon que les faire souffrir inutilement. Ils sont vos esclaves naturels, et plus que vos esclaves : vous avez à vous nourrir comme à vous servir d'eux : ayez la douceur compatible avec vos besoins et leur usage.

Le devoir de charité, ou de bonté, ou de bienfaisance, ne nous oblige pas moins que celui de justice, quand il nous est possible ; mais il ne nous oblige que dans la mesure où il nous est possible, et il n'est jamais exigible par autrui : il n'en résulte, par conséquent, aucun droit d'autrui sur nous : ce n'est donc pas un droit d'autrui qui nous oblige à un tel devoir : c'est le rapport qui nous attache à nos semblables, dont nous sommes solidaires comme ils le sont de nous ; c'est la reconnaissance due à l'humanité, qui nous a faits tout ce que nous sommes.

On attaque une personne, défendez-la. On la menace dans sa vie, dans sa liberté, dans ses biens, dans son honneur : ne permettez pas l'exécution de la menace.

Ne laissez pas commettre l'injustice. Empêcher l'injustice est encore de la justice, et déjà de la bienfaisance.

N'arrêtez pas là votre bienfaisance. A la justice, ajoutez la charité ; mais une charité sage et raisonnable, une charité possible : je dirai, une charité juste.

Quand la charité lèse la justice, elle n'est pas possible moralement, le fût-elle matériellement : faire le bien des uns par le mal des autres, non seulement n'est pas remplir un devoir de charité, n'est pas bien faire, mais c'est mal faire. Quiconque agit ainsi pour être charitable, n'est pas charitable, mais injuste.

Les seuls vrais bienfaits sont les bienfaits désintéressés.

Les bienfaits qui peuvent devenir nuisibles à l'obligé sont défendus par la charité même.

Il faut mettre du choix dans ses bienfaits : nos bienfaiteurs y ont les premiers droits ; puis nos parents en tant que parents, puis nos amis, nos compatriotes, etc.

En thèse générale, il faut subordonner les devoirs de charité à ceux de justice. Les devoirs de charité sont indéterminés et relatifs : ceux de justice, absolus.

Mesurez votre charité. Vous pouvez l'arrêter à ce point où votre bienfaisance vous nuirait à vous-mêmes. Vous pouvez aller plus loin ; vous pouvez être bienfaisant jusqu'au sacrifice de vous-mêmes. Il est beau de souffrir pour le bien de l'humanité : il est beau de mourir pour le salut d'autrui.

La charité a mille degrés, depuis la simple politesse, par laquelle on est agréable aux autres, jusqu'au dévouement par lequel on souffre et l'on meurt pour les autres.

La charité est le couronnement de la justice. Victor Cousin (1) marque en termes éloquents la différence et le rapport de ces deux vertus :

(1) *Du Vrai, du Beau et du Bien,* xvᵉ leçon.

« La justice, le respect de la personne dans tout ce qui la constitue, voilà le premier devoir de l'homme envers son semblable. Ce devoir est-il le seul ?

« Quand nous avons respecté la personne des autres, que nous n'avons ni contraint leur liberté, ni étouffé leur intelligence, ni maltraité leur corps, ni attenté à leur famille ou à leurs biens, pouvons-nous dire que nous ayons accompli toute la loi à leur égard ? Un malheureux est là devant nous. Notre conscience est-elle satisfaite si nous pouvons nous rendre le témoignage de n'avoir pas contribué à ses souffrances? Non ; quelque chose nous dit qu'il est bien encore de lui donner du pain, des secours, des consolations.

« Il y a ici une importante distinction à faire. Si vous êtes resté dur et insensible à l'aspect de la misère d'autrui, votre conscience crie contre vous ; et cependant cet homme qui souffre, qui va mourir peut-être, n'a pas le moindre droit sur la moindre partie de votre fortune, fût-elle immense ; et s'il usait de violence pour vous arracher une obole, il commettrait une faute. Nous rencontrons ici un nouvel ordre de devoirs, qui ne correspondent pas à des droits. L'homme peut recourir à la force pour faire respecter ses droits : il ne peut pas imposer à un autre un sacrifice, quel qu'il soit. La justice respecte, ou elle restitue ; la charité donne, et elle donne librement.

« La charité nous ôte quelque chose pour le donner à nos semblables. Va-t-elle jusqu'à nous inspirer le renoncement à nos intérêts les plus chers ? elle s'appelle le dévouement.

« Certes on ne peut pas dire qu'il ne soit pas obligatoire d'être charitable. Mais il s'en faut que cette obligation soit aussi précise, aussi inflexible que l'obligation d'être juste. La charité, c'est le sacrifice ; et qui trouvera la règle du sacrifice, la formule du renoncement à soi-même? Pour la justice, la formule est claire : respecter les droits d'autrui. Mais la charité ne connaît ni règle ni limite. Elle surpasse toute obligation. Sa beauté est précisément dans sa liberté. »

Je vous laisserai, mes amis, sous l'impression des paroles de l'apôtre (1) :

« Quand je parlerais toutes les langues des hommes et même celle des anges, si je n'ai point la charité, je ne suis qu'un airain sonnant, une cymbale retentissante.

« Quand j'aurais le don de prophétie, que je pénétrerais tous les mystères et que je posséderais toutes les sciences, quand j'aurais toute la foi jusqu'à transporter des montagnes, si je n'ai point de charité, je ne suis rien.

« Et quand je distribuerais tout mon bien pour nourrir les pauvres, et que je livrerais mon corps pour être brûlé, si je n'ai point la charité, tout cela ne me sert de rien.

« La charité est patiente, elle est bienfaisante, elle n'est point jalouse, elle n'est pas téméraire, elle ne s'enfle point.

« Elle ne fait rien contre la bienséance, elle ne

---

(1) *Saint Paul aux Corinthiens*, liv. X, XIII, 1-7.

cherche point ses propres intérêts, elle ne s'aigrit point ; elle ne soupçonne point le mal.

« Elle souffre tout ; elle croit tout ; elle espère tout ; elle supporte tout. »

CHAPITRE IV

MORALE SOCIALE (*suite*). — DEVOIRS PARTICULIERS.

1. — La famille, ou la société domestique, est formée par l'homme et la femme unis, et les enfants qui naissent de leur union. Elle est naturelle, d'institution divine. Elle est le fondement de l'humanité. L'individu ne peut être sans la société : il ne peut être sans la famille. La famille, dans ce renouvellement continu qui est comme une perpétuelle naissance du genre humain, est le berceau perpétuel de l'homme.

La famille, née de la nécessité de perpétuer l'espèce, se fonde sur l'union de l'homme et de la femme, c'est-à-dire sur le mariage. L'homme et la femme unis ont des enfants. D'où quatre groupes de devoirs : ceux des époux, ceux des parents envers leurs enfants, ceux des enfants envers leurs parents, ceux des enfants les uns envers les autres.

2. — « Le mariage, dit notre Code, est une association de l'homme et de la femme, pour partager les plaisirs et supporter en commun les épreuves de la vie. » Il n'est donc pas article de commerce, échange de marchandises ou de vanités sociales : il est l'union

de deux êtres fondus en un, qui se veulent l'un l'autre, qui s'aiment. L'homme et la femme unis de la sorte deviennent époux. Ils ont des devoirs mutuels à remplir. De la part du mari, amour, fidélité, confiance, protection, un entretien convenable ; de la part de la femme, amour, fidélité, bonne économie domestique, obéissance raisonnable.

Obéissance, dis-je, mais raisonnable. Le mari a l'autorité ; il est le chef de la famille : il n'en doit pas être le despote. En principe, le mari et la femme ne doivent avoir, à eux deux, qu'une seule volonté : leur devoir est d'accorder leurs volontés : qu'ils se consultent l'un l'autre, qu'ils s'écoutent, qu'ils cherchent à se complaire, se cèdent au besoin, la femme au mari, mais aussi le mari à la femme. Que s'ils ne parviennent pas à unir leurs deux volontés dans une volonté commune, il faut une autorité qui décide : elle appartient à l'homme.

La maternité est manifeste ; la paternité, non : il fallut la garantir. Il en résulta dès l'origine une attribution et comme une appropriation de la femme à l'homme : si bien qu'un homme put avoir plusieurs femmes sans qu'une femme eût plusieurs maris : ce fut la *polygamie*, qui existe encore en certaines contrées ; elle garantissait la paternité, mais non la bonne éducation des enfants, ni le bonheur des mères. Le vrai mariage est celui d'un seul homme avec une seule femme : c'est la *monogamie*. Elle délivre la femme d'un partage douloureux, sans lui conférer l'autorité, qui dans la polygamie appartenait à l'homme.

3. — La société civile consacre ce lien d'un homme

et d'une femme unis pour une vie commune ; les religions également. Les religions ne le permettent qu'à certaines conditions, qui obligent leurs fidèles ; la société civile n'entre pas dans les consciences : elle ne le permet ni ne le défend, mais garantit les droits qui en résultent. Tel est l'effet du mariage civil. Le lien des époux peut exister hors du mariage ; mais la loi ne le connaît pas, les droits des époux ne sont pas garantis, ni ceux des enfants. C'est-à-dire qu'il n'y a pour elle, hors du mariage consacré par elle, ni enfants légitimes, ni époux. Elle n'impose pas la morale, elle n'exige pas la pratique du devoir, telle n'est point sa tâche : elle ne condamne donc pas le rapport libre des sexes, ni ne l'approuve : elle l'ignore. Sa tâche est de faire respecter le droit : il y a un droit des époux, un droit des enfants, qu'elle ne peut faire respecter si elle ne connaît les enfants, les époux ; et elle ne peut connaître les enfants que par les époux, les époux que par la consécration authentique, officielle, qu'elle a pu faire de leur lien, quand ce lien remplit des conditions qui le rendent valable à ses yeux, et qu'elle détermine.

Partout où il y a société civile, il y a mariage civil. Dans les temps mêmes et les pays où le **mariage** est religieux, le mariage civil existe : c'est le mariage religieux qui est alors le mariage civil. Ce sont deux mariages, qu'il ne faut pas confondre, même quand ils sont unis, et qu'il est bon, même quand ils sont séparés, de compléter l'un par l'autre : l'un permet aux fidèles, aux croyants, le lien conjugal ; l'autre garantit les droits qui en résultent. Ces deux mariages ne peuvent être unis que dans les pays où la société civile est en même temps une société religieuse, où l'Etat impose une religion ; dans les pays où la religion d'Etat n'existe pas, il faut les séparer. Sous le régime de la liberté religieuse, chaque religion aura son mariage, mais qui n'obligera que ses fidèles ; l'Etat aura le sien, qui garantira les droits de tous également. Des époux de droit naturel, hors du mariage religieux, sont hors du droit religieux ; et, hors du mariage civil, hors du droit civil. Qu'est-ce à dire? Que, s'ils ne sont d'aucune religion, ils n'ont pas à tenir compte du mariage religieux, et, étant dans leur droit naturel, sont dans leur plein droit moral ; que, s'ils sont d'une religion, ils doivent en suivre les prescriptions relatives au mariage : catholiques, par exemple, recourir à un sacrement sans lequel, étant dans leur droit naturel, ils ne seront pas dans leur droit moral, sans lequel, en d'autres termes, leur lien sera concubinage et péché grave. Mais, qu'ils soient ou ne soient pas dans leur droit moral, ils peuvent être dans leur droit civil, et ils le doivent ; car c'est une obligation de justice, non seulement de respecter les droits d'autrui, mais encore, quand on les crée par l'effet d'une conduite libre, quand soi-même on en est l'auteur, de leur assurer la garantie de la loi : ce que fait le mariage civil.

Souvent, Messieurs, vous entendez dire que le mariage civil est seul valable, qu'il est le vrai mariage ; d'autres disent qu'il n'est rien sans le mariage religieux : ils s'indignent de la thèse des premiers, qui s'indignent de la leur. Vous comprenez que des deux côtés on a raison et l'on a tort. Hors du mariage religieux, un homme et une femme catholiques ne peuvent s'unir sans péché ; de même un homme et une femme protestants, musulmans, juifs, chacun selon les exigences morales de sa religion, impératives pour eux, nulles pour un homme et une femme qui ne seraient d'aucune religion, ou qui ne seraient que de la religion naturelle. Mais, qu'ils pèchent ou non à vivre ensemble, il résulte de leur vie commune des droits que garantira, et garantira seul, le mariage civil. Il est donc le seul mariage, pour la garantie des droits, tels que ceux de succession, de protection due à la femme, aux enfants, etc. ; et le mariage religieux est le seul, pour l'innocence morale du lien entre fidèles d'une Église. L'Église considère le péché ; ce qu'elle règle en pareille matière n'a de valeur que pour ses fidèles. L'État considère l'effet civil, et ce qu'il règle en pareille matière a pour tous une valeur, civile sans doute, mais aussi morale : car c'est un devoir de donner à ses engagements la sanction de la loi. Un musulman aura innocemment plusieurs femmes ; notre loi ne lui en reconnaîtra qu'une. Supposons une loi qui admette le divorce : un catholique ne pourrait en bénéficier innocemment.

La loi religieuse et la loi civile ne se règlent donc pas d'après les mêmes principes : l'une déterminant, à sa manière, le bien, l'autre reconnaissant et garantissant le droit. Il peut y avoir droit où n'est pas le bien : tel un riche usant mal de sa fortune : il en a l'usage ; il appartient à la loi religieuse, comme à la loi morale, de lui en interdire un usage qu'il appartient à la loi civile de lui garantir : celle-ci lui permettra ou lui laissera faire ce que la religion lui défend, que dis-je? ce que lui défend la morale même, naturelle, universelle, absolue. Et il peut y avoir bien où n'est pas le droit, car le domaine du bien est plus vaste que celui du droit. La loi religieuse a donc un autre domaine, comme la loi morale elle-même, que la loi civile : il ne faut ni les confondre, ni, en les distinguant, conclure de l'une à l'autre.

4. — Les époux deviennent parents : ils ont des devoirs envers leurs enfants, et, par suite, des droits sur leurs enfants, c'est-à-dire l'autorité sans laquelle ils ne pourraient remplir leur tâche. Ils doivent à leurs enfants l'éducation physique, intellectuelle, morale. Ils leur doivent de les aimer, de les nourrir, de les entretenir, de les instruire ou faire instruire, de veiller sur eux, de les corriger, de leur donner le bon exemple, de leur procurer un établissement assorti à la vocation des fils et aux moyens du père.

Les enfants leur doivent l'obéissance jusqu'à l'âge adulte, et toujours, à tout âge, assistance, déférence, respect, honneur.

De là le pouvoir paternel, qui, fondé sur l'intérêt des enfants, a pour limite cet intérêt même. Il n'est donc pas absolu. Il n'est pas le droit de vie et de mort ; il n'est donc pas le droit de frapper et de maltraiter, ni le droit de vendre, ni le droit de corrompre. Il n'est pas le droit de priver les enfants de l'instruction, ou, en général, de ce qui leur est dû, puisqu'il est fondé sur ce qui leur est dû, puisqu'il n'est autre que la puissance nécessaire à l'exécution d'une tâche : les parents ont un droit parce qu'ils ont un devoir, lequel, chez les enfants, est un droit, garanti par la loi, protectrice des mineurs.

Les enfants ont des devoirs entre eux : d'affection et d'aide réciproque. C'est le devoir fraternel.

Les parentés s'étendent, avec les devoirs qui en découlent, des frères aux cousins, des enfants aux grands-parents, aux oncles, des parents aux petits-enfants, aux neveux ; mais parentés et devoirs, à mesure qu'ils s'étendent, diminuent.

Il y a aussi, entre les maîtres et les serviteurs qui habitent la maison, un lien domestique, une image de la parenté, d'où résultent des sentiments et des devoirs analogues. Le maître doit commander sans dureté, surveiller sans injure, en témoignant une juste confiance à des serviteurs qu'il aura dû bien choisir ; les serviteurs lui doivent, à leur tour, d'être honnêtes, obéissants, exacts, et de s'attacher à sa maison.

5. — On est de l'humanité, on est de la famille; on est aussi d'une profession, et il en résulte aussi des devoirs. Les devoirs professionnels relèvent de la morale sociale, la profession elle-même étant un fait social : Robinson n'a pas de profession dans son île, ni un ermite dans son désert.

Toute profession est un engagement accepté, exprès ou tacite, de rendre certains services en échange de certains avantages : tous les devoirs professionnels dérivent donc du devoir général de tenir ses engagements.

N'essayons pas ici une classification des professions diverses qu'une société telle que la nôtre comporte. Contentons-nous d'y reconnaître, avec le langage commun, des hommes de profession libérale, des fonctionnaires, des industriels, des commerçants, des ouvriers et leurs patrons.

Y a-t-il des hommes sans profession ? A-t-on le droit d'être sans profession ? A-t-on le devoir moral d'exercer une profession ?

On a le droit d'être sans profession, de même qu'on a le droit d'être ce qu'on veut être, bon ou mauvais, et d'agir comme on veut agir, bien ou mal, dans la limite du respect des droits d'autrui. Mais en user, c'est user du droit d'être oisif, et d'être inutile : du droit de mal vivre. Quoi donc ! un homme riche devra-t-il exercer une profession dont il n'a pas besoin, au préjudice d'autres auxquels, par devoir, il ôtera leur pain ? Non. Il exercera une profession, il remplira une charge que le riche seul peut remplir : laquelle ? Celle d'homme riche. C'en est une, en effet. Il ne rendra pas tel ou tel service déterminé, étiqueté, classé, rétribué : il servira la civilisation, par un bon usage de son influence, de ses lumières, de sa fortune. Il s'occupera des intérêts publics, libre du souci d'intérêts particuliers ; il protégera l'art, ou la science, ou la littérature, dans la mesure de ses ressources : ne fût-il qu'un lecteur et un juge des bons livres, dont il favorisera l'essor, dont il répandra le goût. Il exercera une profession de loisir ; mais le loisir n'est pas l'oisiveté, ni l'inutilité : le loisir actif, utile, studieux, est une occupation, une profession libérale.

Les professions libérales proprement dites imposent des devoirs particuliers : à l'avocat, la connaissance des lois, l'honnêteté qui n'accepte que les causes défendables, qui n'égare pas la justice, mais la sollicite et l'éclaire ; au médecin, une instruction physiologique profonde, sans laquelle il court le risque de l'homicide, la discrétion, le courage, un dévouement constant de jour et de nuit ; au prêtre, le même dévouement, le même courage, la même discrétion, la doctrine sûre, l'exemple des vertus qu'il prêche ; au professeur, la science, l'amour de la science et l'amour de ses disciples, le sentiment affectueux et ferme, doux et sévère, d'un père à leur égard.

Les devoirs du fonctionnaire sont l'exactitude et le zèle, la politesse et la justice, l'impartialité, la dignité de la vie ; ceux de l'industriel, la sincérité dans la qualité des produits ; ceux du commerçant, la sincérité dans la qualité et la quantité des marchandises, la probité dans ses rapports avec ses fournisseurs, l'ordre dans les comptes et dans les dépenses, cet ordre et cette économie qui préviennent la faillite ; ceux de l'ouvrier, la conscience dans l'emploi de sa journée ou l'exécution de sa tâche, le soin de l'intérêt du patron, solidaire de son propre intérêt ; ceux du patron, un traitement prévoyant et juste, généreux, affectueux, de ses ouvriers : qu'il ne leur marchande pas un équitable salaire ; qu'il n'exploite pas leur gêne pour obtenir leur travail à vil prix.

6. — Devoirs sociaux en général, devoirs domestiques, devoirs professionnels, est-ce tout ? Nous faisons partie encore d'une autre société que la société domestique : cette grande famille, fille de la même terre, à laquelle nous attachent par les plus forts liens tous les instincts, les devoirs, les droits, les espérances et les sentiments d'une commune vie : la patrie. De là l'obligation et le privilège d'en partager avec les prospérités les revers, avec les avantages les inconvénients, avec tous les biens tous les maux. Elle veut, cette autre famille, des œuvres d'affection non moins que des œuvres de raison. Ce n'est pas assez pour elle qu'on lui obéisse, elle demande qu'on l'aime. Est-ce à dire qu'il soit défendu de la quitter, de s'en aller chercher au dehors le pain, ou d'autres avantages, qu'elle ne donne pas toujours à ses enfants ? Non, sans doute ; aussi ne fait-elle aucune loi pour les retenir : elle sait qu'elle est aimée, et qu'elle ne sera pas quittée sans un grand déchirement de cœur. L'exil est une des plus fortes peines dont elle-même puisse frapper un citoyen.

A tous les cœurs bien nés que la patrie est chère !

Nos compatriotes nous sont des frères plus éloignés, auxquels nous sommes liés par une communauté d'origine, de territoire, d'histoire, de triomphes et de deuils. Mais surtout nous vivons sous les mêmes lois, nous sommes citoyens d'un même État, nous formons ensemble une société civile.

La société organisée pour garantir le respect mutuel des droits est l'État. Dans la société naturelle, nous avons des droits naturels, avec le droit fondamental de les faire prévaloir, de nous défendre contre l'injustice. Mais avons-nous les lumières pour connaître nos droits? Avons-nous surtout l'impartialité? Nous sommes juges dans notre propre cause, et nous jugeons en notre faveur. Je veux que nous ayons raison, notre cause est juste, à nous d'en assurer le triomphe : c'est un vain droit, on l'avouera, tant qu'il n'a pas l'appui de la force. Nous aliénons donc notre droit naturel de nous faire justice à nous-mêmes, entre les mains d'un pouvoir supérieur et neutre, qui a les lumières que nous n'avons pas, l'impartialité que nous n'avons pas, la force que nous n'avons pas.

Tel est le fondement de l'autorité publique. Elle a pour objet la justice, c'est-à-dire le droit, c'est-à-dire encore la liberté, l'inviolabilité de la personne humaine, à garantir chez tous des atteintes possibles d'autrui. La tâche du gouvernement n'est cependant pas toute négative. Il y a un droit des individus, dont il n'a qu'à maintenir ferme contre toutes les atteintes possibles, contre les siennes même, contre celles du despotisme commun non moins que contre celles de la violence particulière, le respect sacré : sa tâche est négative en ceci. Mais il y a aussi un droit de la société, un droit du peuple en corps : comme la protection du peuple contre les atteintes possibles des autres peuples ; comme l'instruction universelle, l'entretien des routes et canaux, et, en général, tout ce qui donne lieu aux services publics : la tâche du gouvernement devient ici positive.

L'État fait la loi, l'exécute, et l'applique : d'où trois fonctions du pouvoir, trois pouvoirs publics, distincts sans être opposés, unis sans être confondus : le pouvoir *législatif*, le pouvoir *exécutif*, le pouvoir *judiciaire*.

La constitution organise les pouvoirs, en fixe la forme et l'exercice, en détermine les rapports. Elle ne fait pas la loi, elle institue le pouvoir qui la fait ; elle n'exécute pas la loi, elle ne l'applique pas, elle institue le pouvoir qui l'exécute, le pouvoir qui l'applique.

Une pénalité attachée à la violation de la loi la sanctionne. Le droit de punir n'est que le droit de sanctionner la loi, conséquence du droit de la faire. La peine doit tout ensemble punir le crime, protéger la société contre le criminel, et, s'il se peut, le corriger lui-même, le rendre meilleur. Son principal objet est de protéger la société ; elle est essentiellement la sanction d'une loi qui elle-même n'a pas d'autre objet que la justice.

7. — Quand l'État est ce qu'il doit être, un pouvoir exerçant pour nous, par une délégation expresse ou tacite, notre droit à la justice, en nous réside le principe qui la fonde : la nation est souveraine. Les citoyens y ont dès lors deux sortes de devoirs, selon qu'ils sont considérés comme participants de la souveraineté nationale, ou comme sujets de la loi.

Comme participants de la souveraineté nationale, ils partagent les devoirs mêmes du gouvernement, qui sont la législation et l'exécution de la loi. Ils ne font point la loi ni ne l'exécutent, mais ils concourent à cette double tâche dans la mesure où ils participent de la souveraineté : soit par le vote des lois et des propositions qui peuvent être soumises à leur suffrage; soit par le choix des législateurs ou des magistrats représentants du peuple ; soit par le contrôle des pouvoirs qu'ils ont eux-mêmes établis : ils doivent donc à ces fonctions civiques toutes les lumières dont ils sont capables, avec la sincérité, l'impartialité, l'indépendance à l'égard de tout intérêt propre. Ils doivent, en outre, au gouvernement tout le concours actif que les autorités légitimes leur demandent : service militaire, impôt, etc. Quiconque fraude sur l'impôt, sur le service militaire, quiconque vend son vote, quiconque se soustrait à l'un ou à l'autre de ses devoirs de membre du souverain, est coupable moralement, comme il l'est civiquement.

Comme sujets de la loi, les citoyens doivent respect et obéissance à la loi, respect et obéissance au gouvernement, organe de la loi.

Il est des cas toutefois où l'obéissance n'est point due.

1° Si le magistrat commande contrairement à la loi. Cela est évident; car alors il n'ordonne qu'en son nom privé : il n'est plus rien.

2° Si le magistrat, dans le silence de la loi, commande contrairement à la justice.

3° Si le magistrat commande au nom de la loi, mais d'une loi injuste. Commande-t-il une injustice égale, dont on ait à souffrir? ou qu'on ait à faire? Il faut savoir souffrir l'injustice, il ne faut pas la faire.

Soyez donc victimes d'une injuste loi, plutôt que de troubler l'ordre par la désobéissance à la loi. Soyez victimes, ne soyez pas complices. S'agit-il donc, non plus de souffrir l'injustice, mais de la faire, désobéissez.

Distinguons entre la désobéissance passive et la désobéissance active. La première, simple désobéissance, et qui n'est qu'une abstention, est obligatoire quand la loi commande une injustice à faire; la seconde, qui est l'insurrection, n'est pas obligatoire, et il se peut qu'elle soit criminelle, comme il se peut qu'elle soit juste. Tant que le gouvernement est responsable, tant qu'il existe un contrôle sérieux, efficace, et qui permette aux citoyens de faire entendre leur voix, ils doivent se borner à protester contre les lois qu'ils estiment injustes, comme à critiquer celles qu'ils estiment fâcheuses ou mauvaises; ils doivent en attendre le changement du pouvoir législatif lui-même, sur lequel d'ailleurs ils ont leur part d'influence. Quand il n'y a point de gouvernement responsable, quand la loi, injuste jusque dans son principe, supprime ou rend illusoire tout contrôle, étouffe la voix des citoyens, et fait le silence autour de ses méfaits, quand le pouvoir est une tyrannie, il ne reste alors qu'à écouter la conscience, seule juge de ce qu'il vaut mieux sacrifier, ou la paix publique, ou le droit : un droit, qu'on attend d'un lent mais infaillible progrès, à la paix publique, ou la paix publique à un droit qu'on n'attend plus que de la conquête.

8. — Le gouvernement doit la sécurité du dehors comme du dedans, la justice gratuite, l'instruction primaire gratuite et obligatoire pour tous, les travaux que nécessitent les services publics, l'assistance.

Qu'il doive l'assistance, les travaux publics, la justice, la sécurité intérieure et extérieure, nul ne le conteste ; on conteste qu'il doive l'instruction primaire gratuite et obligatoire pour tous. Mais qu'en un pays où chaque homme est citoyen, où chaque citoyen a droit de suffrage, l'État doive à chaque homme, à chaque citoyen, cette première instruction sans laquelle le droit de suffrage est un vain mot ; qu'il y ait, par suite, double obligation, et, pour le citoyen, de recevoir ce premier degré d'instruction nécessaire comme la condition même à laquelle serait attaché son droit de suffrage, et, pour l'État, de le lui donner ; que l'obligation de donner frappe d'iniquité toute prétention de faire payer ce qu'il faut qu'on donne : autant de propositions liées entre elles par un rapport dont il est difficile de méconnaître la visible, l'inébranlable logique. Est-il visible, est-il clair à tous les yeux que, si l'on a le droit de voter, on ne saurait exercer ce droit, non plus que nul autre, qu'à la condition de le pouvoir, et tout au moins de savoir lire son vote ? que le suffrage universel ne peut être qu'un instrument qui ne rend pas ou qui se fausse, inutile ou perfide, en d'ignorantes mains ? Est-il visible, est-il clair à tous les yeux que nul ne peut être citoyen s'il ne se soumet à ce qui est la condition de l'exercice de son droit civique, à l'instruction *obligatoire*? Est-il visible, est-il clair à tous les yeux que l'État doit aux citoyens cette condition à laquelle ils sont tenus de se soumettre ; que, la leur devant, il n'a pas à la leur payer ; que c'est lui, au contraire, qui leur paye une dette, quand il leur donne l'instruction *gratuite* ?

L'enfant a droit à la nourriture ; il a le même droit à l'instruction primaire : si le père, qui la lui doit, ne la lui donne pas, l'État l'y oblige, ou le remplace.

L'obligation de l'instruction n'est pas l'obligation de l'école publique. L'État offre gratuitement ses écoles, il ne les impose point : il n'impose que l'instruction.

Il y a dans le gouvernement deux ordres de dépositaires du pouvoir : le législateur qui fait la loi, et le magistrat, qui l'exécute, magistrat administrateur, ou magistrat judiciaire.

Le législateur doit :

1° Reconnaître la loi, qui est la justice, et non la créer ; réaliser cette belle parole des Romains, qui, croyant définir leur code, ont défini le code idéal : *la raison écrite*.

2° Consacrer la loi par une sanction, laquelle doit avoir deux caractères, la proportion et l'universalité. Les peines justes font la force des lois, plus que les peines rigoureuses ; et généralement les peines morales doivent être préférées aux physiques, par ce motif que, en même temps qu'elles servent à la protection de la société, elles servent à l'amélioration du coupable.

3° Donner une rédaction simple et claire de la loi, en vertu de cette règle nécessaire que l'ignorance de la loi ne justifie pas le coupable.

4° Expliquer par un exposé les causes, le but, l'esprit de la loi, pour la faire accepter à la raison comme un devoir, au lieu de l'imposer aux volontés comme un joug.

Le magistrat doit : 1° Connaître parfaitement les lois, et les méditer **sans cesse** ;

2° **Fermer l'oreille à toute critique de son jugement propre, pour n'entendre que la loi** ;

3° S'il ne peut l'appliquer en sûreté de conscience, s'en abstenir, et, au besoin, se démettre;

4° Si elle est muette, y suppléer conformément à la justice naturelle;

5° Éviter toute partialité, toute acception de personnes.

9. — Il reste une dernière classe de devoirs sociaux : non plus ceux des hommes dans l'humanité, dans la famille, dans l'État, mais ceux des États, ceux des nations entre elles.

Le rapport entre peuples est le même, pour la conscience, que le rapport entre **hommes** : il est la liberté ou l'indépendance réciproque de chacun. L'un peut agir sur l'autre, **mais sans contrainte**; l'un peut aider l'autre, **mais dans la mesure** où l'autre veut bien être aidé, où le mouvement de l'un n'entrave pas l'autonomie de l'autre. Si la loi d'un peuple est mauvaise, vous devez la considérer comme la volonté d'un homme qui se trompe ou qui pèche; mais dès qu'il respecte votre propre liberté, vous ne pouvez attenter à la sienne, ni le contraindre à vouloir le bien. Vous pourrez l'y amener peu à peu, non violemment; par la douceur et par l'amour, non par la force ni la guerre.

Un peuple ne peut faire la guerre à un autre pour lui imposer ses idées, sa croyance, sa politique, ses produits, et, en un mot, sa domination. L'intervention d'un peuple dans les affaires intérieures d'un autre n'est jamais permise. Un peuple ne peut pas se soumettre volontairement à un autre; mais deux ou plusieurs peuples peuvent s'unir ensemble sur le pied d'égalité, pour se fondre en un seul. Un peuple n'est obligé par les traités qu'il a souscrits, que s'il les a souscrits librement, et pour des choses justes. Un peuple conquis est assujetti par force, non par devoir; il n'est pas obligé de se soumettre, il y est contraint. Ce ne sont pas les années qui établissent une prescription en faveur du conquérant; c'est le bon vouloir du peuple conquis, s'il accepte de ne faire plus qu'un avec l'autre, confondu avec lui sous les même lois et dans les mêmes droits.

Un État qui applique ces principes répudie tout esprit de conquête, sans reculer devant une guerre que l'agression eût rendue nécessaire, que l'injustice eût rendue juste. Il n'attaque pas les peuples, ni leurs gouvernements; il défend contre les gouvernements ou contre les peuples le peuple qu'il a pour devoir de protéger.

Il y a donc, hélas! de justes guerres : ce sont les

guerres défensives : soit qu'elles repoussent l'invasion, soit que, portant les armes sur le territoire ennemi, elles aillent punir l'injustice, châtier l'injure, renverser l'obstacle à l'exercice d'un droit.

Il ne faut recourir à la guerre qu'à la dernière extrémité. Une conférence amiable entre les parties, l'arbitrage de tiers désintéressés, peuvent terminer un différend.

La guerre déclarée, il faut la faire avec la décision, l'énergie qu'elle exige, mais en bornant à l'inévitable les maux qu'elle entraîne : on tuera les combattants, on épargnera les particuliers sans armes ; on mettra les prisonniers dans l'impossibilité de nuire, on ne les tuera pas, on ne les réduira pas en servitude. On ravagera les terres de l'ennemi pour l'affaiblir, on se payera sur ses biens de ce qu'il peut devoir : mais ce sera l'État, non les individus : l'occupation n'est pas le pillage.

Les États qui, en cas de guerre, ne prennent parti ni pour l'un ni pour l'autre des belligérants, sont appelés *neutres*. Ils doivent observer leur neutralité. Ils s'abstiendront de toute aide à l'un des partis ; que si l'humanité les porte à secourir l'un, ils ne refuseront pas à l'autre le même secours.

Les traités sont les conventions entre Etats : traités de *neutralité*, ou de *paix*, ou *d'alliance;* traités de *limite;* traités de *cession;* traités de *navigation* et de *commerce*. Les conventions entre Etats sont régies par les mêmes règles que les conventions entre particuliers : elles requièrent une cause licite, le consentement des parties contractantes, et leur capacité pour contracter : un traité fait par un souverain détrôné ne serait pas valable.

L'obligation d'observer les traités cesse-t-elle quand ils cessent d'être conformes à notre intérêt ? On l'a dit. Rien de plus contraire à la justice. Il y a des traités qu'on peut rompre dès qu'on est assez fort : c'est que la violence les a imposés ; ils n'ont pas été contractés librement ; ils ne sont pas valables : ils n'obligent pas. Ceux qui remplissent les conditions pour être valables, obligent : toute obligation est absolue.

CHAPITRE V

MORALE RELIGIEUSE.

1. — L'homme a des devoirs envers Dieu. Si son devoir est de travailler à réaliser l'idéal de l'être humain, il est donc de travailler à réaliser Dieu en soi, à se réaliser lui-même en Dieu. Il doit l'aimer, cet idéal : et c'est aimer Dieu ; il doit le vouloir : et c'est vouloir Dieu. Tout devoir envers lui-même est un devoir envers Dieu.

Toute bonne action faite en vue de Dieu devient une action *pieuse :* c'est le culte pratique, le plus important, et le fondement des autres.

Le culte intérieur, plus direct, consiste dans l'*adoration* et la *prière :* c'est le culte « en esprit et en vérité ».

Le culte extérieur consiste à manifester au dehors

sa foi en Dieu. Il doit être accompagné du culte pratique : sans quoi il ne serait plus qu'hypocrisie.

Le culte public repose sur ce principe, que tout sentiment s'exprime, et s'excite par l'expression, se développe par la communication ; que le sentiment religieux, plus encore que tout autre, est social et communicatif. Le culte public ne peut être imposé et réglé que par les religions et pour leurs fidèles. Il ne doit jamais dégénérer en formalisme, c'est-à-dire qu'il ne faut pas attacher plus d'importance aux pratiques du culte qu'à la pratique du bien.

En un mot, la morale religieuse commande l'adoration de Dieu par le culte intérieur, le culte extérieur, le culte public, et surtout par la direction de l'âme tout entière, intelligence, sensibilité, volonté, vers Dieu : connaître Dieu, l'aimer et le servir.

2. — Tel est le résumé de la morale religieuse. Mais elle mérite, mes amis, de nous arrêter un instant.

On nie que l'homme ait des devoirs envers Dieu. Un être fini envers un être infini! Il y a, dit-on, disproportion absolue de l'un à l'autre. — Cela est-il vrai? La disproportion est-elle absolue entre un être infini et un être fini, mais qui aspire à l'infini, qui est fait pour l'infini? entre un être actuellement infini et un être virtuellement infini? car tel est l'homme.

L'homme connaît Dieu. « Rien, dit Fénelon, n'est si étonnant que l'idée de Dieu, que je porte au fond de moi-même : c'est l'infini contenu dans le fini. Cette idée ineffaçable et incompréhensible de l'être divin est ce qui me fait ressembler à lui, malgré mon imperfection et ma faiblesse. Comme il se connaît et s'aime infiniment, je le connais et l'aime selon ma mesure... Il est vrai... que cette connaissance et cet amour n'ont point une perfection égale à leur objet ; mais l'homme qui connaît et aime Dieu selon toute sa mesure de connaissance et d'amour est incomparablement plus digne de cet être parfait que l'homme qui serait comme sans Dieu dans ce monde, ne songeant ni à le connaître ni à l'aimer. »

Mais des devoirs envers un être à qui nous ne pouvons faire ni bien ni mal? — Et pourquoi non? Le devoir n'est point de ne pas faire du mal, de faire du bien, mais de ne pas faire le mal, de faire le bien : faire le bien et faire du bien ne sont pas même chose. Faire du bien est relatif à quelqu'un : c'est lui être utile. Faire le bien est en soi : c'est faire ce qui est bon, c'est vouloir ce qui est bon : vouloir l'être, et le principe de l'être ; vouloir Dieu. Prier Dieu, c'est s'élever à Dieu ; aimer et adorer Dieu, c'est aimer et adorer l'idéal suprême, idéal de notre idéal, premier principe et fin dernière de notre être.

On dira que c'est devoir envers soi-même, non envers Dieu. — Tout devoir est envers soi-même, et tout devoir envers Dieu. On se doit la perfection de son être, et on la doit à Dieu. Le devoir envers soi-même est un devoir envers l'idéal, c'est-à-dire envers Dieu.

3. — Si tous les devoirs de l'homme sont envers Dieu, il en est un qui est directement, et par essence, le devoir même de l'homme envers Dieu : c'est de l'aimer.

L'amour de Dieu est d'abord le sentiment de l'infini,

le besoin de l'absolu, de l'éternel, de l'immuable, du véritable Être. « Oh! que nous ne sommes rien ! » s'écrie Bossuet. D'où se tire une vertu religieuse, l'*humilité*. L'humble est celui qui s'anéantit devant Dieu, si fier qu'il soit devant les hommes.

Mais Dieu n'est pas loin de nous ; il est près de nous, il est en nous, et de l'amour dont nous devons l'aimer, dont nous ne savons pas l'aimer, d'un parfait amour, il nous aime. S'il est le maître, il est aussi l'ami. Il est le **Père**.

M. P. Janet (1) a écrit excellemment : « La vie, malgré ses grands aspects et quelques joies exquises et sublimes, la vie est mauvaise ; tout finit mal, et la mort, qui termine tous les maux, est encore le plus grand des maux. L'âme humaine, dit Platon, « lève, comme l'oiseau, les yeux vers le ciel » ; elle appelle un remède, un secours, une délivrance. « Délivrez-nous du mal ! » voilà le cri de toute religion. Dieu est le libérateur et le consolateur. Nous aimons le bien et nous faisons le mal ; nous désirons impatiemment le bonheur, et nous ne rencontrons que misère. Telle est la contradiction signalée par Pascal avec une si poignante éloquence. Il faut lever cette contradiction. Il faut que l'espoir et la confiance en un être suprême et bienfaisant viennent nous racheter de la douleur et du péché.... Pour vivre et pour bien vivre, il faut croire à la vie, croire à sa signification saine et sainte, croire qu'elle n'est pas un jeu, une mystification, qu'elle nous a été donnée

---

(1) LA MORALE, liv. III, ch. XII, et *Cours de morale*, in fine.

par le principe du bien et pour le succès du bien. »

Qui fait le bien, croit au bien : qui croit au bien, croit en Dieu, l'aime, de cet amour mêlé d'un respect infini, qui est l'adoration. Il obéit à Dieu dans tout ce qu'il fait : c'est-à-dire, qu'il fait religieusement toutes choses. Il obéit à Dieu dans tout ce qu'il sent : actif encore dans ce qu'il sent, dans ce qu'il souffre, il accepte, il veut lui-même ses propres maux, comme l'épreuve de sa vertu, comme la condition d'un bien supérieur à tout : non qu'il se résigne à des maux qu'il pourrait conjurer ; il sait qu'il doit user de sa liberté pour son bien ; mais il reconnaît dans ce qu'il n'a pu éviter la volonté de Dieu, et le veut à ce titre. Il aime dans les hommes les membres d'une famille ayant Dieu pour père : il les aime en Dieu, et c'est Dieu qu'il aime en eux. « Tu aimeras Dieu par-dessus toutes choses, et ton prochain comme toi-même. » L'amour de Dieu transfigure la vie.

4. — Un devoir ne va pas sans le droit corrrespondant de le faire : le droit est, par essence, la faculté de remplir son devoir. Cette faculté est la liberté. Le droit est donc, dans l'ordre religieux, la liberté religieuse, ou *liberté de conscience :* liberté de foi, liberté de culte, liberté de propagande ; le triple droit de croire, de prier et d'enseigner, sans en être amoindri civilement ou politiquement, sans avoir à souffrir aucune diminution dans sa dignité d'homme et de citoyen.

5. — La vie religieuse est la vie morale, transformée et comme transfigurée par un sentiment. Mais un sentiment peut-il être un devoir ? Est-on maître d'un

sentiment? Peut-on se le donner si on ne l'a pas?— Non, sans doute, si l'on n'en a pas le germe. On peut en faire éclore le germe, et c'est un des devoirs de l'homme relatifs à lui-même que de se développer en sentiments supérieurs, que d'élever son cœur avec son esprit. Le sentiment religieux s'échauffe au contact : il produit la société religieuse, qui, à son tour, l'entretient et l'augmente; il se manifeste au dehors par une expression qui le redouble, l'excite, l'exalte. Écoutez ces paroles d'un grand moraliste : « Si nous étions sages, que devrions-nous faire autre chose en public et en particulier que de célébrer la bonté divine, et de lui rendre de solennelles actions de grâces? Ne devrions-nous pas, en bêchant, en labourant, en mangeant, chanter cet hymne au Seigneur : Dieu est grand!... Mais, puisque vous êtes tous dans l'aveuglement, ne faut-il pas que quelqu'un s'acquitte pour vous de ce devoir sacré, en chantant pour tout le monde un hymne à notre Dieu? Que puis-je faire autre chose, moi vieillard boiteux et informe, si ce n'est de chanter Dieu? Si j'étais rossignol, je ferais le métier d'un rossignol; si j'étais cygne, celui d'un cygne. Je suis un être raisonnable, il me faut chanter Dieu. Voilà mon métier, et je le fais. C'est un rôle auquel je ne faillirai pas, autant qu'il sera en moi; et je vous engage tous à chanter avec moi. »

Est-ce un prêtre qui parle de la sorte? C'est un philosophe. Est-ce un chrétien? C'est un païen. C'est Épictète. Et à ces magnifiques paroles d'Épictète le païen, joignez celles-ci du chrétien Fénelon :

« Ne voit-on pas que le culte extérieur suit nécessairement le culte intérieur de l'amour ? Donnez-moi une société d'hommes qui se regardent comme n'étant tous ensemble sur la terre qu'une seule famille, dont le père est au ciel ; donnez-moi des hommes qui ne vivent que du seul amour de ce père céleste, qui n'aiment ni le prochain ni eux-mêmes que par amour de lui, et qui ne soient qu'un cœur et une âme dans cette divine société : n'est-il pas vrai que la bouche parlera sans cesse de l'abondance du cœur ? Ils admireront le Très-Haut ; ils chanteront le Très-Bon ; ils chanteront ses louanges ; ils le béniront pour tous ses bienfaits. Ils ne se borneront pas à l'aimer, ils l'annonceront à tous les peuples de l'univers : ils voudront redresser leurs frères dès qu'ils les verront tentés, par l'orgueil ou par les passions grossières, d'abandonner le Bien-Aimé. Ils gémiront de voir le moindre refroidissement de l'amour. Ils passeront au delà des mers, jusqu'au bout de la terre, pour faire connaître et aimer le père commun aux peuples égarés qui ont oublié sa grandeur. Qu'appelez-vous un culte extérieur, si celui-là n'en est pas un ? Dieu serait alors *tout en tous :* il serait le roi, le père, l'ami universel ; il serait la loi vivante des cœurs. Hélas ! si un roi mortel ou un père de famille s'attire par sa sagesse l'estime et la confiance de tous ses enfants, on ne voit à toute heure que les honneurs qui lui sont rendus ; il ne faut point lui demander où est son culte, ni si on lui en doit un. Tout ce qu'on fait pour l'honorer, pour lui obéir et pour reconnaître ses grâces est un culte continuel qui saute aux yeux. Que serait-ce donc si les hommes étaient possédés de l'amour de Dieu ? Leur société serait un culte continuel, comme celui qu'on nous dépeint des bienheureux dans le ciel. »

Le cours d'instruction morale, mes amis, est terminé. L'instruction civique est autre chose. Vous connaissez désormais vos devoirs, et la raison de vos devoirs; vos droits, et ce qui les fonde : vos devoirs et vos droits généraux de citoyens, ainsi que vos devoirs et vos droits d'hommes. — Quant à vos devoirs et vos droits particuliers de citoyens français, vous les connaîtrez par la constitution de la République française, d'où ils résultent : ce sera l'objet de l'instruction civique.

Vous avez donc la lumière pour vous bien conduire, mes chers amis : puissiez-vous avoir aussi la force !

Cultivez votre âme. Habituez-vous au gouvernement de vos passions : il n'est pas toujours facile. Peut-être n'aurez-vous qu'à les gouverner; peut-être aurez-vous à les combattre, et la résistance qu'elles vous opposeront sera telle, que vous ne parviendrez à les vaincre que par un détour, en les appliquant à d'autres objets. Peut-être aurez-vous à déraciner de vieilles habitudes, à leur en substituer d'autres meilleures : tâche difficile encore ! Les moralistes en donnent divers moyens. Passer d'un extrême à l'autre, dit Aristote; procéder par degrés, dit Bacon. Plusieurs conseillent de choisir, pour acquérir une vertu nouvelle, une occasion favorable : c'est quand on y est le mieux disposé, dit celui-ci ; c'est quand on y est le moins bien disposé, dit celui-là. Dans le premier cas, on y vient plus naturellement ; dans le second cas, on s'y porte avec plus d'effort : sera-t-il suivi de plus d'effet ?

Le meilleur conseil à donner est de fortifier en soi le sentiment du devoir par la pratique journalière de l'*examen de conscience*. Cette habitude supplée la sanction extérieure de la loi morale, nous fait suivre avec sincérité le progrès ou l'abaissement de notre valeur morale, nous donne plus de force dans notre combat contre le mal, et nous prépare à paraître devant Dieu.

C'est une éducation que nous faisons sans cesse de nous-mêmes. Vous aurez, mes amis, d'autres éducations à faire : grande tâche, à laquelle vous vous préparez, et un cours de pédagogie suit ou accompagne votre cours d'instruction morale et civique. Quel rapport les rattache l'un à l'autre ?

La pédagogie est l'art de l'éducation ; l'éducation s'adresse aux facultés, pour les diriger vers leurs objets, le vrai, le beau, le bien : le beau et le vrai subordonnés au bien, but suprême de la vie. Comment diriger les facultés vers le bien, si l'on ignore le bien, ou si l'on ignore les facultés ?

La psychologie enseigne les facultés, la morale enseigne le bien. **Les principes** de la psychologie et de la morale gouvernent **l'éducation.**

MANUEL
D'INSTRUCTION CIVIQUE

I. — Principes généraux.

CHAPITRE PREMIER

INTRODUCTION.

1. — L'instruction civique a pour objet le *droit public*. Le droit public, *droit politique*, *droit constitutionnel*, règle l'organisation de l'État, ses divers pouvoirs, leurs rapports entre eux et avec les citoyens. Il se distingue du *droit civil*, qui règle les intérêts particuliers, et du *droit administratif*, qui est une application des principes établis par le droit public.

Notre droit public date de 1789. Alors prévalurent des *principes*, dits *de* 1789. Notre constitution est une application de ces principes. Elle est de 1875 ; elle donne pour base aux pouvoirs de l'État le suffrage universel, établi définitivement en 1848; elle applique les principes de 1789 : là donc, en ces trois grandes années, 1789, 1848, 1875, sont les origines de notre droit public.

2. — Nous n'avions pas de constitution. La France était ce que les événements l'avaient faite : la conquête d'abord, puis l'assujettissement de la noblesse à la royauté. La France avait longtemps été le multiple domaine de seigneurs, maîtres des terres et de leurs peuples; elle était devenue le domaine du roi, maître unique de la terre et de son peuple. Le roi était bien le maître. Il pouvait tout. Il avait toute autorité, législative, exécutive, judiciaire. Il régnait de droit divin. Au-dessous de lui, les seigneurs assujettis formaient encore un ordre à part; et les prêtres en formaient un autre : noblesse, clergé, tiers état, trois états dans l'État, ayant chacun son droit propre, et comme trois peuples dans la nation divisée. La propriété était au roi; la religion était celle du roi; la famille dépendait de la religion, car il n'y avait de mariage civil que le mariage religieux, en sorte qu'il fallait être catholique pour pouvoir se marier, pour avoir une famille. Mais du reste il fallait être catholique pour être en France : la liberté de conscience n'existait pas, ni celle de la presse, ni celle même du commerce, de l'industrie, du travail, ni la plus simple liberté d'aller et de venir; les ministres avaient des *lettres de cachet,* par lesquelles on arrêtait et l'on emprisonnait sans jugement, et ils en donnaient à leurs favoris, ils en faisaient des cadeaux. De liberté, point;

d'égalité, pas davantage : il fallait, pour être officier à l'armée, plusieurs quartiers de noblesse ; la noblesse ne payait pas d'impôts, on lui payait des redevances ; le clergé ne payait pas d'impôts, on lui payait des dîmes ; les riches et puissants du tiers état obtenaient d'être exemptés de l'impôt : le petit peuple le payait tout entier, que dis-je, entier? au double, au triple, car plus de la moitié s'arrêtait en route : il payait l'impôt de l'État, et il payait encore aux prêtres et aux seigneurs.

3. — Les États généraux convoqués en 1789 furent élus avec charge expresse d'accomplir, au nom de la nation, une réforme nécessaire. Ils se déclarèrent Assemblée nationale, et entreprirent l'œuvre hardie de conformer la société civile à la justice, de fonder le droit positif sur le droit naturel. Il fallut d'abord le reconnaître, le droit naturel, avec les droits qui en dérivent ; il fallut proclamer ces droits, principes de la constitution future. Ce fut la fameuse *Déclaration des droits de l'homme et du citoyen*. En voici le texte :

« ART. 1. — Les hommes naissent et demeurent libres et égaux en droits. Les distinctions sociales ne peuvent être fondées que sur l'utilité commune.

« ART. 2. — Le but de toute association politique est la conservation des droits naturels et imprescriptibles de l'homme. Ces droits sont la liberté, la propriété, la sûreté et la résistance à l'oppression.

« ART. 3. — Le principe de toute souveraineté réside essentiellement dans la nation. Nul corps, nul individu, ne peut exercer d'autorité qui n'en émane expressément.

« Art. 4. — La liberté consiste à pouvoir faire tout ce qui ne nuit pas à autrui : ainsi l'exercice des droits naturels de chaque homme n'a de bornes que celles qui assurent aux autres membres de la société la jouissance de ces mêmes droits. Ces bornes ne peuvent être déterminées que par la loi.

« Art. 5. — La loi n'a le droit de défendre que les actions nuisibles à la société. Tout ce qui n'est pas défendu par la loi ne peut être empêché, et nul ne peut être contraint à faire ce qu'elle n'ordonne pas.

« Art. 6. — La loi est l'expression de la volonté générale. Tous les citoyens ont le droit de concourir personnellement, ou par leurs représentants, à sa formation. Elle doit être la même pour tous, soit qu'elle protège, soit qu'elle punisse. Tous les citoyens, étant égaux à ses yeux, sont également admissibles à toutes dignités, places et emplois publics, selon leur capacité et sans autre distinction que celle de leurs vertus et de leurs talents.

« Art. 7. — Nul homme ne peut être accusé, arrêté ni détenu que dans les cas déterminés par la loi et selon les formes qu'elle a prescrites. Ceux qui sollicitent, expédient, exécutent ou font exécuter des ordres arbitraires, doivent être punis : mais tout citoyen appelé ou saisi en vertu de la loi doit obéir à l'instant : il se rend coupable par sa résistance.

« Art. 8. — La loi ne doit établir que des peines strictement et évidemment nécessaires ; et nul ne peut être puni qu'en vertu d'une loi établie et promulguée antérieurement au délit et légalement appliquée.

« Art. 9. — Tout homme étant présumé innocent jusqu'à ce qu'il ait été déclaré coupable, s'il est indispensable de l'arrêter, toute rigueur qui ne serait pas nécessaire pour s'assurer de sa personne doit être sévèrement réprimée par la loi.

« Art. 10. — Nul ne doit être inquiété pour ses opinions, même religieuses, pourvu que leur manifestation ne trouble pas l'ordre public établi par la loi.

« Art. 11. — La libre communication des pensées et des opinions est un des droits les plus précieux de l'homme : tout citoyen peut donc parler, écrire, imprimer librement, sauf à répondre de l'abus de cette liberté dans les cas déterminés par la loi.

« Art. 12. — La garantie des droits de l'homme et du citoyen nécessite une force publique ; cette force est donc instituée pour l'avantage de tous, et non pour l'utilité particulière de ceux auxquels elle est confiée.

« Art. 13. — Pour l'entretien de la force publique et pour les dépenses d'administration, une contribution commune est indispensable ; elle doit être également répartie entre tous les citoyens, en raison de leurs facultés.

« Art. 14. — Tous les citoyens ont le droit de constater, par eux-mêmes ou par leurs représentants, la nécessité de la contribution publique, de la consentir librement, d'en suivre l'emploi et d'en déterminer la quotité, l'assiette, le recouvrement et la durée.

« Art. 15. — La société a le droit de demander compte à tout agent public de son administration.

« Art. 16. — Toute société dans laquelle la garantie des droits n'est pas assurée, ni la séparation des pouvoirs déterminée, n'a pas de constitution.

« Art. 17. — La propriété étant un droit inviolable et sacré, nul ne peut en être privé, si ce n'est lorsque la nécessité publique, légalement constatée, l'exige évidemment, et sous la condition d'une juste et préalable indemnité. »

Tels sont les principes de 1789 : la nation une et souveraine; la liberté; l'égalité devant l'impôt, devant la loi; tous les emplois également accessibles à tous, sans autre distinction que celle du mérite. Il y a là des droits civils, consacrés par le Code civil, et qui, depuis, n'ont point cessé de nous régir, qui même ont passé de notre Code en ceux d'autres pays; et il y a des droits politiques, qui ont eu diverses fortunes. Ce n'est pas ici le lieu d'en faire l'histoire. Ils ont abouti à la Constitution de 1875, qui est la nôtre, et que nous avons à exposer

CHAPITRE II

LA SOUVERAINETÉ NATIONALE.

1. — La souveraineté est le pouvoir d'établir des lois. Elle appartient au peuple.

La souveraineté nationale, principe de notre droit public, est elle-même la conséquence du principe sur lequel se fonde tout droit public : une délégation du droit naturel qu'a tout homme d'exiger la justice. La loi est l'expression de la justice ; la force qui fait exécuter la loi maintient la justice. Établir des lois n'est donc autre chose que reconnaître la justice et la faire prévaloir : il appartient à chacun, dans la société naturelle, de la reconnaître en ce qui le concerne et de la faire prévaloir : chacun pour sa part y établit la loi. L'impuissance des particuliers à y réussir amène l'institution d'une puissance commune, qui établit la loi pour tous, au nom de tous, et précisément celle que tous établiraient s'ils en avaient la sagesse et la force : à la société naturelle succède la société civile. Celle-ci est la même que l'autre, mais organisée pour la justice. La société, dont les membres ont le droit d'exiger la justice, a elle-même, prise en corps, le droit de maintenir le respect mutuel des droits de tous ses membres ; et, prise en corps, elle en a le pouvoir, que ses membres n'ont pas séparément. C'est la souveraineté, nationale par essence ; et quiconque exerce un pouvoir public l'exerce au nom de la nation qui l'institue.

2. — En quel autre nom l'exercera-t-il ? Au nom de Dieu ? « Toute puissance est de Dieu » ; tout droit aussi. La souveraineté nationale, si elle est de droit, est de droit divin ; et la puissance de ceux qui l'exercent au nom de la nation, si elle est juste, si elle est légitime, est de Dieu. Opposer le droit divin au droit

national est un pur non-sens : ils ne s'opposent pas, ils s'accordent.

A moins d'entendre par le droit divin le droit d'une Église divine ou prétendue telle. Un roi régnera au nom de Dieu, en vertu d'un sacre ; un pouvoir public sera institué par les représentants de Dieu. C'est la théocratie. Mais quels sont donc les représentants de Dieu ? Ceux qu'on croit l'être, tant qu'on le croit, pour leurs fidèles seuls ; et nul autre. L'autorité religieuse n'est point de celles qui s'imposent. Il y a deux ordres de domination : la domination par la force, et la domination par l'ascendant. Celle-ci appartient à l'esprit ; elle est le légitime empire de l'excellence intellectuelle ou morale sur les âmes : empire sans violence, moins un empire qu'une persuasion, un don gracieux du supérieur que l'inférieur accepte librement. L'autorité de l'esprit est une autorité de vérité, de clarté, de conviction ; elle ne vaut que pour ceux qui la reconnaissent, et ceux-là mêmes elle n'a pas le droit de les contraindre : elle n'est enfin une autorité que pour ceux qu'elle persuade, et dans la mesure où elle les persuade. Le chef d'une Église n'est donc rien que pour ceux qui croient, mais librement et sans contrainte, à l'Église dont il est le chef ; et viennent-ils eux-mêmes à cesser de croire, il perd de plein droit tout empire sur eux. Quant à cette espèce de domination qui est la force, elle est d'un autre ordre, et elle ne peut être mise qu'au service du droit.

Le roi régnera par droit de conquête ? Mais qu'est-ce que le droit de conquête, sinon le droit de la force ?

et qu'est-ce que la force créant un droit? La force peut servir le droit, mais elle peut servir l'injustice.

Le roi régnera par droit d'héritage? Mais il faut un premier roi; et d'où tire-t-il son titre? Supposons-lui un titre légitime : la magistrature suprême qu'il exerce est-elle une propriété dont on hérite? Le pays est-il sa maison? Un peuple est-il une chose qui puisse être appropriée avec la terre qui le porte, comme un bétail avec un domaine qu'on achète?

On dérive la royauté de l'autorité paternelle. On dit que le père a une autorité naturelle sur ses enfants, sur une famille, dont l'extension croissante forme peu à peu la tribu, régie par le patriarche, par le roi. Il est vrai que le père a, par nature, un légitime pouvoir sur ses enfants, mais ses enfants mineurs; adultes, ils ne relèvent plus que d'eux-mêmes. Le pouvoir naturel du père sur les enfants ne saurait donc fonder l'autorité du patriarche sur la tribu, ni du roi sur le peuple.

3. — Si c'est dans la nation que réside la souveraineté, on demande ce qui forme la nation. En fait, les nations se sont formées comme elles ont pu : tantôt, et sans doute à l'origine, l'extension de la famille, tantôt la violence, la ruse, rarement le droit, les a faites. En principe, c'est la volonté commune d'être un peuple. Un groupe d'hommes unis par leur volonté pour constituer une société civile, est un peuple.

Autant de sociétés organisées pour la protection du droit, autant d'États, autant de peuples. La première société naturelle est celle même des membres de la famille; à mesure que la famille augmente, la société compte un plus grand nombre de membres : elle gagne de proche en proche, occupe les places vides, couvre des territoires, et croît jusqu'à ce que la rencontre d'une autre famille, ayant grandi comme elle, l'arrête en son expansion. Peu de familles primitives s'aperçoivent à peine sur une terre déserte; et bientôt elles ont rempli la terre. Chacune de ces familles, devenues des races, est une société différente des autres ; toutes ont ceci de commun, qu'elles se composent d'hommes, êtres libres, responsables, ayant des devoirs et des droits: et chacune d'elles est, à sa manière, une société armée pour la protection du droit de chacun de ses membres. Chacune d'elles forme donc un État, c'est ce qu'elle a de commun avec les autres ; mais chacune se distingue des autres en ce qu'elle est une autre race. Voilà pourquoi les enfants d'un même peuple parlent une même langue; voilà pourquoi ils offrent à qui regarde du dehors même visage, mêmes habitudes, même esprit, mêmes mœurs; voilà pourquoi ils se considèrent comme frères entre eux, s'aimant les uns les autres de cet amour tout pareil à un sentiment de famille, qui est le patriotisme. Dans l'intérieur de la famille, il arrive que des frères s'aiment peu; des compatriotes pareillement, divisés d'intérêts, peuvent se haïr entre eux : ils se retrouvent frères en face de l'étranger, et ils meurent les uns pour les autres sur le champ de bataille, ils « meurent pour la patrie ».

Un peuple est donc à la fois un État et une race. Que si, par une suite de vicissitudes humaines, quelques races, après s'être plus ou moins longtemps disputé un même sol, ont fini par s'y fondre ensemble, elles sont ensemble comme une race, et elles forment encore une nation, une patrie, un peuple. Les Français, issus d'origines diverses, parlant diverses langues, forment un seul peuple : on le voit bien, quelles que soient d'ailleurs les dissensions qui les déchirent au-dedans, on le voit quand ils ont l'étranger en face d'eux : les intérêts qui les divisent chez eux, les opinions, les factions, se taisent, et ils se dévouent d'un même élan pour la commune patrie.

Ainsi, en principe, les peuples se forment d'eux-mêmes : vastes associations, ou plutôt familles immenses qui croissent et grandissent, non par le dehors, mais par le dedans, et qui peuvent néanmoins s'unir à d'autres familles, selon des affinités naturelles, ou selon qu'elles y trouvent leur avantage : c'est toujours selon leur libre choix, soit qu'elles aient choisi avec réflexion, ou spontanément. Un peuple est par lui-même, et pour lui-même : le pouvoir qui le gouverne est par le peuple et pour le peuple. Le gouvernement n'a de droit sur la nation que celui que la nation lui confère, ou lui reconnaît.

Un tel gouvernement est vraiment la *chose publique*, la *République :* un gouvernement qui ne s'exerce point par un roi, par un empereur, ou, sous quelque nom qu'on le désigne, par un chef maître héréditaire du peuple, mais par le peuple son propre maître.

Demander si la souveraineté appartient au roi ou au peuple, c'est demander si le peuple est pour le roi, ou le roi pour le peuple ; ou plutôt c'est demander s'il se peut qu'une société d'hommes soit la chose d'un homme. Comme un peuple n'appartient pas à un homme, le gouvernement d'un peuple ne saurait être la propriété d'un homme ni le patrimoine d'une famille, mais le droit, mais le devoir du peuple même. C'est le devoir d'un peuple de se gouverner, sous sa responsabilité propre. Il n'y a d'autre souverain que le peuple, ni d'autre gouvernement légitime et rationnel que la République.

CHAPITRE III

LA SOUVERAINETÉ NATIONALE (*suite*). — SES LIMITES.

1. — Dire que la souveraineté est nationale, c'est dire où elle réside, ce n'est pas dire ce qu'elle est. Elle a son objet ; elle a donc ses limites. Elle établit des lois : les lois ne sont pas arbitraires.

Elle établit la justice. Elle donne force au droit. Le droit est l'inviolabilité de la personne humaine en elle-même et en tout ce qui relève d'elle. Ce droit engendre plusieurs droits.

Nous devons être respectés dans notre âme comme dans notre corps, dans notre intelligence comme dans notre honneur, dans notre foi, dans notre parole, dans notre action, dans nos affections, dans nos biens et dans la disposition de nos biens. Sécurité d'existence, liberté de conscience et de culte, liberté de propagation et de presse, liberté d'association, liberté de mariage, toute la liberté de penser, de parler, d'écrire, d'aller et de venir, toute la liberté d'agir, soit isolément, soit en commun, avec le droit, qui en découle, de l'ouvrier sur son œuvre, du créateur sur sa création : la propriété, conservée, échangée, donnée, transmise, anéantie, si tel est le caprice du maître. Toute la liberté d'agir, dis-je, mais limitée par l'égale liberté d'autrui, par le respect dû à son droit égal au nôtre, principe de droits semblables et respectables au même titre : homicide, brutalité, grossièreté, calomnie, médisance, mensonge, ruse, oppression, séquestration, vol, contrainte quelconque, matérielle ou morale, autant de torts, autant d'attentats contre notre droit, contre la justice.

2. — C'est contre l'éventualité de ces torts que le gouvernement nous protège; c'est pour garantir le respect mutuel des droits qu'il existe. Mais qu'il respecte lui-même les droits dont il impose le respect! Qu'il ne frappe point, qu'il ne séquestre point, sauf les malfaiteurs, contre lesquels il est la société armée en légitime défense; qu'il ne trompe ni n'opprime; qu'il se garde, comme du crime qui le constituerait lui-même malfaiteur public, de toute contrainte religieuse, morale, commerciale, industrielle, de toute organisation obligatoire du travail au même titre que de toute organisation obligatoire du culte, de tout communisme aussi bien que de toute Église privilégiée, de toute religion d'État.

La liberté de conscience est le triple droit de s'attacher à la doctrine qu'on tient pour véritable, de la manifester, de l'enseigner, sans pouvoir être inquiété à ce sujet, sans avoir à en être amoindri comme citoyen.

La liberté individuelle est notre droit de disposer de notre personne, de n'être arrêté et détenu que dans les cas déterminés par la loi et dans les formes qu'elle a prescrites.

« La propriété est le droit de jouir et de disposer de ses biens, de ses revenus, du fruit de son travail et de son industrie. » Ainsi parle la Constitution de 1795, et notre Code à la suite. La loi ne peut toucher à la propriété; elle peut la racheter d'autorité, quand l'intérêt public l'exige, mais en la payant son prix, en respectant la valeur qui, au point de vue social, est comme la propriété même : c'est l'expropriation pour cause d'utilité publique.

La souveraineté nationale n'est pas absolue. Elle a sa sphère, elle a ses bornes : elle s'arrête devant la liberté de conscience, devant la liberté individuelle, devant la propriété, devant le domicile. Qu'un intérêt lui soit opposé, elle passe outre ; qu'un droit se présente, elle s'arrête. Sa tâche est de reconnaître le droit, de le déclarer, de le sanctionner, non de le créer ou de s'en faire un à sa guise. Elle ne peut que transformer, par la consécration de la loi, le droit naturel en droit civil ; elle ne peut le franchir.

Elle s'exerce par le suffrage.

CHAPITRE IV

LA SOUVERAINETÉ NATIONALE (*suite*). — SON EXERCICE.

1. — La nation souveraine, la cité, se manifeste, se réalise, vit dans les citoyens : c'est donc par eux qu'elle se gouverne. Le gouvernement de la nation par elle-même est donc le gouvernement de la nation par ses citoyens. Ils expriment leur volonté par leurs suffrages ; la volonté qui réunit le plus grand nombre de suffrages est la volonté de la nation, la volonté du souverain.

Ce gouvernement de la nation par elle-même peut être direct ou indirect ; et les citoyens, qui sont la nation réalisée, peuvent embrasser un plus ou moins grand nombre des membres du pays.

2. — Le gouvernement direct est celui où les citoyens exercent eux-mêmes toute la souveraineté, gouvernent eux-mêmes, c'est-à-dire eux-mêmes font les lois et les exécutent. Le gouvernement indirect est celui où ils délèguent à des élus qui les représentent les pouvoirs nécessaires pour gouverner à leur place, où ils n'exercent eux-mêmes que cette fonction de la souveraineté qui consiste à déléguer des pouvoirs.

Le premier est impossible, au moins dans un grand pays. Il existe en quelques petits cantons de la Suisse. Nulle part il n'est tout à fait direct, ni ne peut l'être. Un gouvernement absolument direct serait un gouvernement où chacun serait souverain pour sa part, où chacun serait portion intégrante de tous les pouvoirs, législatif, exécutif, administratif, judiciaire, etc. La souveraineté du peuple s'y divise entre tous. Dans cette souveraineté multiple, la souveraineté de l'un vaut celle de l'autre ; chacun possède, non point quelque chose de la souveraineté, mais une égale part de tout ce qui constitue la souveraineté : chacun est également législateur, juge, etc. Mais ces innombrables souverains s'annulent les uns les autres. La loi que fera Pierre ne sera point la loi que fera Paul. Alors, ou chacun fera sa loi pour soi-même, et il n'y aura plus de société civile ; ou la loi faite par Paul obligera Pierre, et la souveraineté de Pierre aura été annulée par celle de Paul. De même pour l'exécution, pour l'application de la loi : si c'est Paul qui administre, si c'est Paul qui juge, la souveraineté de Pierre est annulée par celle de Paul ; et si chacun administre, si chacun juge pour soi, que devient la justice? que devient le gouvernement? On cherche la solution de cette difficulté dans le vote des lois, dans le choix des magistrats et des juges, par le suffrage de tous. Le vote des lois et, en général, des propositions soumises au peuple, est le *plébiscite ;* le choix des magistrats, des juges, des agents du pouvoir, est l'élection.

Mais voter pour une loi n'est pas légiférer ; voter pour un juge n'est pas juger. Non seulement le votant peut se trouver forcé de subir un autre candidat que le sien, mais fût-il assez heureux pour voir élire le sien, il n'exerce point sa part de souveraineté, il la délègue ;

et dans le plébiscite même, où il semble qu'il l'exerce par le rejet ou l'acceptation d'une proposition, d'une loi, non seulement il peut se trouver forcé de se soumettre à un vote contraire au sien, mais il ne fait que se prononcer pour ou contre une proposition dont il n'a pas l'initiative : ici encore, il délègue sa souveraineté. En sorte que le prétendu gouvernement direct disparaît pour faire place à un gouvernement par délégation.

Même dans le régime plébiscitaire, il y aura toujours un pouvoir chargé de présenter des lois à voter, des mesures à prendre ; chargé de poser des questions, auxquelles il ne pourra être répondu que par *oui* ou par *non :* un tel pouvoir, par la manière de les poser, sera le maître des réponses. Il sera le maître du peuple. C'est lui qui gouverne sous la trompeuse apparence du gouvernement direct de la nation par elle-même. Et quand il ne ferait que des propositions sincères, laissant véritablement le peuple maître de ses réponses, il n'aurait pas tout le gouvernement, je le veux : il en aurait le principal, en ayant l'initiative entière. Quel sera ce pouvoir ? Qui le possédera ? Un homme ? un Conseil ? un groupe de citoyens ? Le groupe ou le Conseil ou l'homme qui possède ce pouvoir, ne le possède et ne l'exerce qu'en vertu d'une délégation. Le gouvernement par délégation se retrouve toujours, à un degré quelconque, dans le prétendu gouvernement direct.

3. — Arrivons donc au gouvernement par délégation, au gouvernement représentatif, qui est le vrai. Les citoyens sont électeurs. Ils choisissent les hommes char-

gés de gouverner la nation : en quoi ils exercent une des fonctions de la souveraineté, la première, cette fonction fondamentale, vitale, qui donne l'existence à toutes les autres.

Le suffrage est à un ou plusieurs degrés. Les citoyens font l'élection directe des représentants du pays : c'est le suffrage à un degré ; ou n'en font que l'élection indirecte, n'élisant eux-mêmes que des électeurs, ou des électeurs d'électeurs : c'est le suffrage à deux, à trois degrés. Le gouvernement représentatif est toujours indirect, même quand l'élection des gouvernants est directe ; quand elle est indirecte, dans le cas d'un suffrage à deux, trois, quatre degrés, il est indirect à un double titre, et par lui-même, et par l'élection.

Prenons pour exemple ce qui a lieu chez nous. Les électeurs du premier degré élisent les conseillers municipaux, les conseillers d'arrondissement, les conseillers généraux, les députés : suffrage direct. Sur 300 sénateurs, 225 sont élus par les députés, les conseillers généraux, les conseillers d'arrondissement, électeurs élus du peuple : suffrage à deux degrés ; et par les délégués des conseils municipaux, électeurs élus d'élus du peuple : suffrage à trois degrés. Les 75 autres furent élus d'abord par les députés, électeurs élus du peuple : suffrage à deux degrés ; ils le sont depuis par le Sénat se recrutant lui-même : suffrage d'élus à divers degrés. Le Président de la République est élu par les deux Chambres réunies : par les députés, électeurs du second degré, et par les sénateurs, électeurs du troisième et du quatrième degré. Il choisit des ministres, qui choisissent des fonctionnaires de tout ordre : ceux-ci, qui ne sont les élus d'aucun vote de citoyens, relèvent cependant, à un degré éloigné et à travers des intermédiaires multiples, du suffrage national. Ils dépendent du choix des ministres, qui dépendent eux-mêmes de l'esprit des Chambres : cet esprit est ce que le fait la nation par ses votes souverains.

4. — Le suffrage est dit universel, quand tous les citoyens y ont part; restreint, dans le cas contraire. L'expression est-elle bien exacte? Tout membre d'un peuple n'est pas nécessairement citoyen. Ceux qui n'exercent à aucun degré la souveraineté nationale, qui ne contribuent pas même par l'élection des législateurs à une loi dont ils ne sont que les sujets, ne sont pas citoyens. Le suffrage est donc toujours universel, en un sens : ceux qui en sont exclus n'étant pas citoyens, tous les citoyens y ont part; et, en un autre sens, il est restreint : les citoyens y ont seuls part. Chez nous, par exemple, les femmes, les mineurs, les incapables, les militaires sous les drapeaux, les hommes sans domicile, en sont exclus. On peut dire qu'ils ne sont pas citoyens. Quand le suffrage universel fut donné à la France, les conditions requises pour être électeur furent d'être homme, non frappé d'incapacité légale, d'avoir vingt et un ans, et six mois de domicile. Plus tard, il fallut un domicile de trois ans : plusieurs millions d'électeurs disparurent; ce ne fut plus le suffrage universel, mais un suffrage restreint. Plus tard encore, le suffrage universel fut rétabli. Y

a-t-il entre ces divers suffrages une différence de principe? Six mois de domicile ou trois ans, la condition du domicile restreint le suffrage : un peu plus, un peu moins, différence de degré, non de principe. Toute condition le restreint. Et il serait aussi légitime d'en exiger d'autres, s'il y avait lieu, que celles qu'on exige aujourd'hui, de domicile, de sexe et d'âge. Mais là où nulle autre n'est requise, telle que fortune, classe sociale, capacité, où il suffit d'être domicilié, étant homme, pour être citoyen, pour être électeur, le suffrage est dit universel.

Il ne l'est pas, à vrai dire ; mais il doit tendre à l'être. L'idéal serait un peuple dont tous les membres, dès qu'ils seraient majeurs, seraient citoyens.

5. — Le suffrage doit être libre. Un suffrage contraint n'est pas celui du votant, mais celui de qui le force. Point de candidature officielle, de pression administrative ou autre, en faveur d'un candidat agréable. On échappe à la pression, à l'opinion intolérante, à la contrainte de certaines convenances, de certains intérêts, par le secret du vote.

Le suffrage doit être éclairé. Il faut que le votant sache ce qu'il vote, et pourquoi. On ne saurait répandre trop de lumière : l'instruction primaire obligatoire et gratuite est commandée par le suffrage universel. Ajoutez-y la presse libre, discutant, sur tous les points du territoire, toutes les questions ; des réunions libres appréciant les candidats, étudiant les programmes.

Il faut que le suffrage s'exerce périodiquement, à intervalles assez éloignés pour ne pas fatiguer d'agitations sans cesse renouvelées un peuple qui a besoin de tranquillité et de travail, et assez rapprochés pour que la nation souveraine puisse demander utilement à ses représentants compte de leur mandat.

6. — Sont exclus du suffrage universel, en France, ou frappés d'incapacité électorale par la loi française :

1° Les femmes. — Rien de moins évident que leur incapacité : le philosophe J. Stuart Mill demande ce que fait ici la différence des sexes plutôt que celle de la taille ou de la couleur des cheveux. Mais c'est la tradition : « l'homme au forum, et la femme au foyer ».

2° Les mineurs. — On a fait coïncider la majorité politique avec la majorité civile. On est majeur à 21 ans.

3° Les vagabonds, les nomades sans existence régulière. C'est pour les écarter qu'on exige un domicile de six mois. Exiger plus serait écarter des ouvriers honnêtes, des fonctionnaires capables, les plus dignes électeurs.

4° Les militaires sous les drapeaux. On n'a pas voulu introduire, dans l'accord de ceux que doit unir le lien d'une étroite discipline, et qui n'ont qu'à obéir ou à commander sans discussion, la discussion politique, la discorde civile.

5° Les étrangers.

6° Ceux que la sentence du juge a privés de leurs droits civils et politiques.

Tous les autres sont électeurs. Ils ont le droit de voter. Pour exercer leur droit il faut qu'ils soient inscrits sur des listes électorales closes chaque année le 31 mars.

7. — L'électeur n'est pas nécessairement éligible. L'éligible est celui qui réunit les conditions pour être élu. Elles peuvent n'être pas les mêmes, et souvent elles ont été plus sévères. La tâche d'élire un représentant du peuple n'exige pas les qualités qu'exige la tâche de le représenter soi-même. D'autre part, le choix de l'électeur est la meilleure présomption de capacité, le meilleur titre de l'élu ; et peut-être n'y a-t-il pas lieu d'en chercher d'autres.

La condition de domicile, requise pour l'électeur, le sera pour l'éligible au Conseil municipal, qui représente la Commune ; au Conseil général, qui représente le département; elle ne le sera pas pour l'éligible à la Chambre des députés, qui représente la France.

La condition d'âge variera selon le caractère des assemblées élues. Elle est chez nous de 25 ans pour le Conseil municipal, le Conseil général, la Chambre des députés; de 40 ans pour le Sénat.

Le mandat de représentant est incompatible avec certaines fonctions, soit par impossibilité d'exercer le mandat pendant qu'on remplit la fonction, soit pour protéger la liberté du suffrage, ou pour assurer l'indépendance de l'élu : peut-on, comme représentant, contrôler un gouvernement dont on est serviteur comme fonctionnaire? Tout fonctionnaire n'est pas serviteur du gouvernement; il en est qui le sont du pays, je veux dire dont les fonctions ne sont pas politiques ou gouvernementales, mais sociales, en sorte que les changements ne les atteignent pas. Ils peuvent contrôler un gouvernement dont ils ne dépendent pas; et ils peuvent avoir, dans certaines questions, l'autorité d'une compétence particulière. Il y a donc lieu de distinguer entre les fonctions : les unes seront incompatibles, les autres non, et avec tel mandat, non avec tel autre.

8. — Il ne suffit pas de fixer les conditions pour être électeur, pour être éligible ; il faut fixer celles du vote.

Le vote doit se faire dans un édifice public accessible à tous les électeurs, comme l'hôtel de ville, ou un local favorable. Il se faisait au chef-lieu de canton ; il se fait aujourd'hui au chef-lieu de la commune.

Le vote doit être secret, pour être libre : il se fera donc avec un bulletin fermé. Ce bulletin peut-il être imprimé? doit-il être écrit par l'électeur? Notre loi admet l'un et l'autre mode.

Un décret fixe le jour du vote ; le maire fait connaître par voie d'affiches, dans chaque commune, à quelle section de vote doivent se rendre les électeurs. Chaque section a un bureau composé de six membres : un président, qui est le maire, ou, à son défaut, l'adjoint au maire, ou, à défaut de l'adjoint, un conseiller municipal; quatre assesseurs et un secrétaire, pris parmi les plus âgés des électeurs et les plus jeunes. La salle des élections n'est ouverte qu'aux électeurs ; nul n'y peut entrer en armes ; nul ne peut voter que muni d'une carte, et le bureau constate chaque votation; nul ne peut voter en plusieurs collèges électoraux à la fois : les électeurs qui appartiennent à plusieurs collèges (le cas se présente) doivent en choisir un à l'exclusion des autres. Chaque électeur met dans l'urne un bulletin de couleur blanche, préparé d'avance; l'urne est fermée à clef. Le président en a la clef. Il a la police de l'assemblée. Le scrutin dure un jour, de huit heures du matin à six heures du soir; le dimanche de préférence à tout autre jour. A six heures, le bureau procède au dépouillement du scrutin. Il prend place à une table autour de laquelle il soit possible de circuler librement. Le dépouillement est public, sous peine de nullité. Il doit se faire en présence des électeurs. Si le collège électoral est divisé en sections, il se fait dans chaque section : le président en porte le résultat, arrêté et signé par le bureau, au bureau de la première section. Procès-verbal des opérations, établissant les nombres des suffrages obtenus, les difficultés, s'il y en a, les décisions qui ont été prises, est rédigé en double par le secrétaire, signé par tous les membres du bureau; copie en est envoyée sans délai à la préfecture, et le résultat, dès qu'on a pu le connaître, proclamé, en présence des électeurs assemblés, par le président du collège électoral.

Le suffrage des citoyens étant l'exercice même de la souveraineté nationale, on ne saurait ni l'entourer de trop de précautions, ni le rendre trop solennel.

CHAPITRE V

LA SOUVERAINETÉ NATIONALE (*suite*). — SES AGENTS.

Ce premier acte, cet acte fondamental de la souveraineté nationale, a pour but et pour effet d'en instituer les agents, d'investir de leur part d'autorité les hommes chargés d'exercer les divers pouvoirs du souverain.

Le souverain fait la loi, l'exécute, et l'applique. D'où trois pouvoirs : le législatif, l'exécutif et le judiciaire.

1. — Le pouvoir législatif propose, discute et établit les lois, c'est-à-dire les règles de la justice, non créée par la fantaisie du législateur, mais reconnue par sa raison ; et les règles d'intérêt général : toutes lois également applicables à tous. Il propose la loi : c'est le droit d'*initiative;* il propose les modifications qu'il juge utiles aux lois déjà proposées : c'est le droit d'*amendement*. Il discute amendements et propositions en pleine et souveraine liberté : c'est le droit de *discussion*.

Ce triple droit, d'initiative, d'amendement et de discussion, appartient au pouvoir législatif, par la nature même de ce pouvoir : car qu'est-ce que faire la loi, sinon la proposer et la discuter, en l'amendant au besoin, pour l'établir ? La chose est d'une telle évidence qu'il n'y aurait pas à en parler, s'il ne s'était rencontré maint régime politique refusant au *Corps législatif* soit l'initiative, soit l'amendement, soit même la discussion des lois. Mais cette initiative, cet amendement, cette discussion, sont toujours quelque part, et toujours constituent, de quelque manière qu'il soit d'ailleurs divisé et distribué, le pouvoir législatif. Quand c'est le chef de l'Etat, par exemple, qui seul présente des projets de loi au vote d'un Corps législatif, il joint le pouvoir législatif au pouvoir exécutif dont il est investi : la division des pouvoirs en souffre peut-être, les attributions du pouvoir législatif n'en sont pas changées : elles résultent de la nature même de ce pouvoir.

2. — La loi faite, il faut qu'elle s'exécute. C'est la tâche du pouvoir exécutif, pouvoir d'action, tandis que le législatif est un pouvoir de parole. Pendant que le législatif délibère et vote, l'exécutif gouverne et administre, par les mains d'un grand nombre d'agents, mais sous la suprême direction et sous le contrôle du législatif.

Qu'est-ce qu'une loi qui n'aurait pas de sanction? Une loi qu'on pourrait violer impunément? Le souverain, qui fait la loi, n'a pas seulement à l'exécuter, mais à punir ceux qui la violent. Telle est la raison d'être du pouvoir public : remplacer, en le représentant, chaque membre du corps social dans son droit naturel de se faire justice à lui-même, ce qui est le protéger contre toute agression, contre toute atteinte à sa personne ou à sa chose; ce qui est aussi lui assurer le respect de son droit, et, pour cela, le reconnaître. D'où un pouvoir ayant pour double tâche, et de punir toute agression prévue par la loi, toute violation de la loi, et de reconnaître où est le droit dans les débats entre parties qui se le disputent : disons, d'un mot, rendre la justice : criminelle, dans le premier cas; civile, dans le second cas. C'est le pouvoir judiciaire. Il applique aux particuliers la loi faite par le pouvoir législatif, et dont le pouvoir exécutif assure l'application générale.

3. — Ces trois pouvoirs sont distincts et unis. Ils sont ensemble le pouvoir public. La nation souveraine, qui les possède, mais qui ne saurait les exercer directement, les délègue. Elle peut les confier aux mêmes mains, à un homme, à un corps politique : ce serait une grande imprudence, dont elle ne tarderait pas à être victime. Il importe de les séparer, de les établir dans une certaine mesure d'indépendance réciproque. Le pouvoir qui applique la loi, celui même qui l'exécute, ne saurait la faire. Non qu'il ne puisse, absolument, la faire d'abord pour l'exécuter et l'appliquer ensuite : mais il sera tenté de renverser les termes, d'exécuter et d'appliquer une loi qu'il n'aura faite qu'en vue des convenances de son action; en sorte que la loi se subordonnera, contre la nature des choses, à l'action, qui doit, au contraire, se conformer et par conséquent se subordonner à la loi.

Un pouvoir unique, homme ou assemblée, serait trop puissant; il gouvernerait sans contrôle (car où serait le contrôle? se contrôlerait-il donc lui-même?), et bientôt opprimerait la nation qu'il représente. Il n'était qu'un délégué du souverain : le voilà souverain. Il n'était qu'un serviteur : le voilà maître. C'est le *despotisme*.

Nous en avons eu deux mémorables exemples : quand la Convention nationale, pouvoir législatif, prit l'exécutif et le judiciaire en mains; puis quand, plus tard, Napoléon Iᵉʳ, chef du pouvoir exécutif, s'arrogea, en se réservant l'initiative des lois, le principal du pouvoir législatif : il en eut bien vite le tout, et le judiciaire, et le pouvoir absolu. Le despotisme de l'empereur, peu d'années après celui de la Convention, ne fut pas moindre que n'avait été celui des anciens rois, qui du moins ne prétendaient pas représenter le peuple!

« Pour qu'on ne puisse pas abuser du pouvoir, dit Montesquieu, il faut que, par la disposition des choses, le pouvoir arrête le pouvoir. »

4. — N'exagérons rien cependant. Les trois pouvoirs ne doivent être établis que dans une certaine mesure d'indépendance réciproque. Il ne faut pas les séparer au point de diviser la souveraineté, qui est une.

D'abord, l'exécutif et le judiciaire sont plutôt deux espèces dans le genre, que deux genres de même degré que le législatif. L'exécutif est celui qui exerce plus particulièrement la fonction de gouverner : l'administratif applique la loi sous les ordres de l'exécutif, qui dirige l'ensemble. Le judiciaire ferait ainsi partie de l'administratif. Mais c'est un pouvoir d'une telle importance, et qu'il convient d'entourer de garanties si particulières, qu'on le distingue expressément dans une division générale, moins rationnelle que pratique, des pouvoirs. La division rationnelle n'en distingue, pour les mettre sur le même rang et en faire les grands genres, que deux : le pouvoir qui fait la loi, et le pouvoir qui l'exécute. Aussi est-ce l'exécutif qui nomme les agents du pouvoir judiciaire, mais sous des conditions sévères, et avec des garanties d'une suffisante indépendance, telles, par exemple, que l'inamovibilité des juges.

L'exécutif lui-même relève du législatif, puisque celui-ci fait la loi que celui-là exécute. Celui-ci donc est le pouvoir premier, source des autres. Il n'a pas ces autres pouvoirs dont il est la source; mais c'est lui-même qui, au nom de la nation, les délègue : il nomme le chef du pouvoir exécutif, lui indique ses ministres, et, comme il institue de la sorte le gouvernement proprement dit, il institue aussi l'administration, par la détermination des services publics, des carrières publiques. Il exerce la puissance législative, c'est sa propre tâche; et il délègue, dans tous les degrés comme dans tous les ordres, directement ou indirectement, soit par lui-même, soit par des ministres, par des concours, par des conditions et des institutions dont il est seul responsable, toutes les fonctions de la souveraineté nationale, multiple et une.

II. — L'État.

CHAPITRE VI

LA CONSTITUTION

1. — La Constitution est la loi fondamentale qui organise le régime politique du pays. Elle établit les pouvoirs publics, et en détermine les rapports.

S'il appartient au souverain de faire la loi, et si le souverain n'est autre que la nation, le peuple même, c'est au peuple qu'il appartient de faire sa Constitution. Le peuple la fait, comme il exerce toute sa souveraineté, par ses représentants. Le pouvoir constituant, dans le régime actuel, est l'attribution des deux Chambres réunies en Assemblée nationale.

La Constitution de la République française résulte de trois lois constitutionnelles : l'une, du 24 février 1875, relative à l'organisation du Sénat; l'autre, du 25, relative à l'organisation des pouvoirs publics; la troisième, du 26 juillet, sur les rapports de ces pouvoirs. Ces lois constitutionnelles furent complétées par deux lois organiques : l'une, du 2 août 1875, relative à l'élection des sénateurs; l'autre, du 30 novembre, relative à l'élection des députés. Les lois constitutionnelles ne peuvent être changées ou modifiées, *révisées*, que par le pouvoir constituant, c'est-à-dire par le congrès des deux Chambres réunies en Assemblée nationale ; les lois organiques peuvent l'être, comme les lois ordinaires, par le pouvoir législatif.

2. — Le pouvoir législatif s'exerce par deux Chambres : la Chambre des députés et le Sénat. La Chambre des députés est nommée par le suffrage universel. Le Sénat est élu, pour un quart, par le Sénat lui-même ; pour les trois autres quarts, par des collèges réunis au chef-lieu de chaque département, et composés des députés, des conseillers généraux, des conseillers d'arrondissement, de délégués élus, un par chaque conseil municipal, parmi les électeurs de la commune. Le Sénat et la Chambre des députés, réunis en Assemblée nationale, nomment un Président de la République, chef du pouvoir exécutif.

Le Président de la République est élu, à la majorité absolue des suffrages, par les deux Chambres réunies ; il est nommé pour sept ans ; il est rééligible. Un mois au moins avant le terme légal de ses pouvoirs, les Chambres doivent être réunies en Assemblée nationale sous la présidence du président du Sénat, assisté des secrétaires du Sénat, pour l'élection d'un nouveau président. Si les Chambres n'avaient pas été convoquées, elles se réuniraient de plein droit le quinzième jour avant l'expiration des pouvoirs. Si le Président vient à mourir ou à donner sa démission avant ce terme, les deux Chambres se réunissent immédiatement de plein droit.

3. — Le Sénat se compose de trois cents membres, dont soixante-quinze, élus à l'origine par l'Assemblée qui a fait la Constitution, ont pour successeurs de nouveaux membres élus par le Sénat : ils sont à vie, on les appelle inamovibles. Les deux cent vingt-cinq autres sont temporaires, élus pour neuf ans par les départements et les colonies. Un décret du Président de la République fixe, au moins six mois à l'avance, le jour de l'élection des sénateurs et le jour de l'élection des délégués des municipalités. Les conseils municipaux se réunissent, pour cette élection, à l'heure fixée par un arrêté du préfet, au lieu désigné par le maire. Elle se fait sans débat. Au second tour du scrutin, la majorité relative suffit. En cas de partage des votes, le plus âgé est élu. Si l'élu refuse ou est empêché, il est remplacé par un suppléant, élu en même temps que lui. Les délégués se réunissent avec les électeurs sénatoriaux de droit au chef-lieu du département ou de la colonie. Le président du tribunal civil, assisté des deux plus âgés et des deux plus jeunes d'entre les électeurs présents à l'ouverture de la séance, préside le bureau. L'élection se fait au scrutin de liste, à raison de cinq, quatre, trois ou deux sénateurs par département. Au premier tour de scrutin, il faut avoir, pour être élu, la majorité absolue des suffrages; il faut avoir, au second tour, un nombre de suffrages égal au quart du nombre des électeurs inscrits; on passe à un troisième tour, s'il y a lieu, où la majorité relative suffit. Le scrutin reste ouvert, une première fois, de huit heures du matin à midi; une deuxième fois, de deux à quatre heures ; une troisième et dernière fois, de six à huit heures.

Pour être éligible au Sénat, il faut être Français, jouir de ses droits civils et politiques, avoir au moins quarante ans. Il y a incompatibilité entre le mandat de sénateur et certaines fonctions.

Le Sénat est renouvelable par tiers tous les trois ans. Tous les sénateurs n'ont donc pas été nommés, à l'origine, pour neuf ans, mais un tiers pour trois ans seulement, un tiers pour six ans : le sort a fait les désignations nécessaires.

4. — La Chambre des députés se compose de 557 membres, élus par le suffrage universel direct. Chaque arrondissement administratif nomme un député par cent mille habitants ou fraction de cent mille habitants. Les députés sont nommés pour quatre ans. En cas de vacance par décès, démission ou autrement, une nouvelle élection doit être faite dans le délai de trois mois à partir du jour de la vacance.

Les conditions de scrutin sont les mêmes pour les députés que pour les sénateurs : la majorité absolue des suffrages exprimés, au premier tour ; au deuxième tour, un nombre de voix égal au quart des électeurs inscrits ; au troisième, enfin, la majorité relative.

« Tout *mandat impératif* est nul et de nul effet », c'est-à-dire que les électeurs n'ont pas à commander au député ses votes, à le lier d'avance : ils le choisissent pour décider à leur place, et non point pour porter à la Chambre leurs propres décisions.

Il faut, pour être éligible à la Chambre des députés,

être électeur, avoir au moins vingt-cinq ans, n'être pas militaire ou marin en service. Il y a incompatibilité entre le mandat de député et l'exercice des fonctions publiques salariées par l'État, sauf quelques-unes.

5. — Les Chambres ne siègent pas en permanence. Elles se réunissent de plein droit, chaque année, le second mardi de janvier. La session ne peut durer moins de cinq mois. Le Président de la République, par décret, en prononce la clôture. Il peut les convoquer extraordinairement; et il le doit, si la majorité des députés ou des sénateurs le demandent. Les sessions commencent et finissent en même temps pour les deux Chambres. Leurs séances, pour la discussion comme pour le vote des lois, sont publiques; mais le travail préparatoire se fait dans les bureaux, formés par le sort, renouvelés tous les mois, dont les séances ne sont pas publiques. Les bureaux nomment des commissions pour chaque proposition ou projet de loi; il y a chaque mois, en outre, une commission d'initiative pour examiner s'il y a lieu de prendre en considération les propositions qui émanent de l'initiative parlementaire; une commission des pétitions, qui examine les demandes ou les projets soumis aux Chambres par les simples citoyens; une commission d'intérêt local; une commission des congés.

Les Chambres font leur règlement intérieur. Elles élisent pour toutes les sessions de l'année leur bureau, président, vice-présidents et secrétaires. Elles jugent la validité de l'élection de leurs membres.

Les représentants sont inviolables : ils ne peuvent être arrêtés pendant la durée de la session sans l'autorisation de la Chambre dont ils font partie.

Ils touchent une indemnité annuelle de neuf mille francs. Dans un pays démocratique, il faut que le pauvre même puisse représenter le peuple qui l'en a jugé digne. Le cumul, interdit aux députés, ne l'est pas aux sénateurs : on ne s'explique pas cette différence.

6. — Le Président de la République, irresponsable (sauf le cas de haute trahison), gouverne par ses ministres, responsables solidairement de la politique générale et individuellement de leurs actes personnels. Le Président, immuable pendant les sept années que dure son mandat, change son ministère mobile au gré de la volonté des Chambres : c'est le régime de la royauté constitutionnelle dans la République : le Président est un roi de sept ans, élu et rééligible.

Il « nomme à tous les emplois civils et militaires », soit directement, soit par délégation de son pouvoir à des ministres qu'il nomme, ou à des agents de ces ministres.

« Il dispose de la force armée ».

Il nomme, en Conseil des ministres, les membres du Conseil d'État.

« Il promulgue les lois lorsqu'elles ont été votées par les deux Chambres : il en surveille et assure l'exécution ».

Il participe lui-même au pouvoir législatif, en présentant aux Chambres ou leur faisant présenter par ses ministres des projets de loi ; il communique avec les Chambres par des messages ; il peut les convoquer, les ajourner, clore leurs sessions, sauf les réserves qui résultent de ce qui a été dit sur leurs droits; il peut, sur l'avis conforme du Sénat, dissoudre la Chambre des députés. Il déclare la guerre, mais avec l'assentiment préalable des deux Chambres. Il négocie et ratifie avec les puissances étrangères des traités, qu'il fait connaître aux Chambres aussitôt que l'intérêt et la sûreté de l'État le lui permettent. Il a le droit de grâce, mais non d'amnistie : il faut une loi pour l'amnistie, qui n'est pas un pardon, une atténuation de peine, mais, comme le mot l'indique, un oubli du passé. Il préside aux solennités nationales. C'est auprès de lui que sont accrédités les envoyés et ambassadeurs des puissances.

Les ministres forment un Conseil, qui, présidé par lui, délibère sur les mesures politiques, puis en prend l'initiative et la responsabilité devant les Chambres. Chacun de ses actes doit être contre-signé par un des ministres. Ils gouvernent plus que lui, ou plus activement, et d'une manière plus apparente.

Ils se réunissent plusieurs fois la semaine en Conseil; l'un d'eux est le Président du Conseil, ou le chef du Cabinet. C'est celui que le Président de la République charge de former le ministère.

Les actes du Président de la République, contresignés par un ministre, sont insérés au *Bulletin des lois*, sous le nom de *décrets*. Les actes des ministres sont des *arrêtés*, et leurs instructions adressées à leurs subordonnés des *circulaires*.

7. — Les deux Chambres proposent les lois, les discutent, les amendent s'il y a lieu, et en votent l'acceptation ou le rejet.

Chaque sénateur, chaque député, peut faire une *proposition* de loi. Le gouvernement peut présenter des *projets* de loi, dont il peut saisir à son gré l'une ou l'autre Chambre : toute loi, qu'elle soit d'initiative parlementaire ou d'initiative gouvernementale, doit être discutée dans les deux Chambres tour à tour. Il n'y a d'exception que pour les lois de finances, qui doivent être en premier lieu présentées à la Chambre des députés et votées par elle. En revanche, le Sénat a quelques prérogatives. C'est sur l'avis conforme du Sénat que le Président de la République peut dissoudre la Chambre des députés. La Chambre des députés peut mettre en accusation le Président de la République et les ministres, mais c'est le Sénat, constitué en une Cour de justice, qui les juge ; c'est le Sénat qui connaît des attentats commis contre la sûreté de la République.

8. — Telle est, en quelques lignes, la constitution de la République. Elle soulève bien des questions. Les principales sont celle des deux Chambres, celle de l'élection des députés, celle de l'élection du Président de la République. Nous n'en dirons qu'un mot.

Deux Chambres forment comme une double représentation de la souveraineté nationale. Elles se modèrent l'une l'autre, ou s'arrêtent l'une l'autre : l'une enraye l'autre, ce qui est, ou, sur une plaine, l'empêcher de marcher, ou, sur une pente, l'empêcher de se précipiter et d'entraîner le pays à l'abîme. De là le bien et le mal qu'on en peut dire ; car il ne s'agit pas ici de principe, mais de pratique. En principe, le cas de la France n'est pas celui de l'Angleterre aristocratique, ni celui des États-Unis, de la Suisse. Le Sénat aux États-Unis, le Conseil des États en Suisse, représentent une réalité bien distincte du corps même de la nation : ce sont les cantons, les États, de vrais peuples. C'est que la Suisse, c'est que les États-Unis, sont moins des peuples que des groupes de peuples ; il n'y a pas un Etat qui soit la République de l'Amérique du Nord, mais une réunion d'États, fort justement nommée les États-Unis ; il n'y a pas un État qui soit la Suisse, mais une réunion d'États groupés par un lien fédéral. La France est un État ; la division par départements y est purement administrative.

Tout au plus y aurait-il peut-être à distinguer et à représenter la commune. La commune est plus qu'une division administrative. Elle est déjà la cité ; elle a son autonomie, son gouvernement propre avec son maire : et les délégués des Conseils municipaux pour les élections sénatoriales sont bien les délégués des communes. Il semble, en effet, que le législateur l'ait entendu ainsi, en ne donnant qu'un délégué par Conseil municipal aux communes de plus de cent mille âmes comme à celles de quelques cent feux : disposition singulière, très contestée, contre laquelle s'élèvent la plupart des publicistes ; et il est difficile de leur donner tort.

Le motif de l'institution des deux Chambres n'est

pas là. C'est une division de la représentation, un dédoublement de la souveraineté nationale coupée en deux, pour que l'une des deux moitiés retienne l'autre.

On conte une anecdote qui explique sous une forme piquante l'utilité de cette division. Jefferson, qui tenait pour une seule Chambre, dînait chez Washington, qui tenait pour deux. Le thé lui est servi; il en verse une partie dans la soucoupe. Que faites-vous là? lui dit Washington. — Mais, répond Jefferson, je fais refroidir mon thé, pour le boire. — Bien, réplique l'autre, il vous faut deux tasses; votre soucoupe est votre seconde tasse. Il nous faut aussi deux Chambres, pour ne pas nous brûler.

L'une des deux Chambres va de l'avant; l'autre sert de frein : celle-ci, formée de membres plus expérimentés, issue d'un suffrage à plusieurs degrés ; la première, populaire, issue directement du suffrage universel. L'une représente surtout l'ardeur, l'autre la sagesse du pays. Une loi votée par les deux a les meilleures chances d'être une bonne loi. L'opposition de l'une des deux peut faire avorter une loi qui serait bonne, sans doute, mais qui ne viendrait pas en son temps : si l'une des grandes opinions du pays la repousse, elle risque fort, à tout le moins, de n'être pas opportune.

9. — **Les députés sont élus au scrutin nominal, un par arrondissement.** La constitution de 1848 les faisait élire au scrutin de liste : tous les électeurs d'un département avaient à inscrire sur leur bulletin de vote, au lieu d'un seul nom pour leur arrondissement, autant

de noms que le département devait avoir de députés. Chacun de ces deux modes a ses partisans; chacun a ses inconvénients et ses avantages. Les électeurs ont à nommer des représentants, non de leur arrondissement, ni même de leur département, mais de la France : un scrutin de liste, unique pour la France entière, serait le vrai, s'il n'était la plus chimérique des utopies. Le scrutin de liste par département, tout éloigné qu'il est de cet idéal, est celui qui s'en rapproche le plus. Mais les candidats de tout un département ne sont-ils pas encore bien loin des électeurs? bien peu connus d'eux, qui ne pourront guère les choisir que sur la foi des comités électoraux? Il est à craindre que le scrutin de liste ne livre aux comités, c'est-à-dire aux partis, le suffrage universel, devenu illusoire. Les comités, les partis, donnent leur liste : l'élection n'est plus alors qu'une lutte entre deux, trois, quatre listes ; celle qui l'emporte passe tout entière; et avec elle un seul parti, vainqueur. Mais la victoire d'un parti fausse la représentation, qui ne doit pas être d'un parti, mais du peuple. Ici est l'avantage du scrutin uninominal : il peut faire aux minorités leur place à la Chambre; tel candidat de la minorité trouve un collège pour l'élire, sur plusieurs collèges d'un département dont la majorité tiendrait et occuperait tout entière la liste unique. Sans doute les électeurs peuvent modifier à leur gré les listes ; mais les prendre toutes faites est si commode, et les candidats leur sont pour la plupart, hors de leur arrondissement, si peu connus!

Le scrutin de liste se relève par d'autres avantages. Il oppose plus d'obstacles à la corruption électorale, et ce fut, sous le régime de la candidature officielle, un des principaux motifs de le rejeter. Comme il soustrait les électeurs à la pression administrative, ou à celle d'une fortune prépondérante, il soustrait aussi le député à la pression des électeurs, le dégage mieux de tout mandat impératif, fait mieux de lui ce qu'il doit être, le représentant de la France.

10. — On peut disputer sur cette question de l'élection des députés par un scrutin ou par un autre. Il est plus facile de se prononcer sur la question de l'élection présidentielle.

Dans la constitution de 1848, le Président de la République, au lieu d'être l'élu de l'Assemblée nationale, était l'élu de la nation même : il était nommé par le suffrage universel. On a préféré le faire nommer par l'Assemblée nationale. C'est qu'en effet les deux Chambres réunies sont la représentation du souverain ; elles sont le pouvoir supérieur, qui fait la loi, et qui en contrôle l'exécution. Un Président de République issu du même suffrage que l'Assemblée nationale a le même pouvoir : voilà deux pouvoirs égaux. quand l'un devrait dépendre de l'autre, qui le juge. L'un n'est pas plus le souverain que l'autre, ni ne le représente davantage : ni l'un ni l'autre ne représente le peuple. Ce sont des pouvoirs également délégués et au même degré, égaux d'origine, égaux à tous les titres. Où est le souverain? Le système de l'élection présidentielle par le peuple est en vigueur aux États-

Unis. Notre constitution de 1848 le leur emprunta. Mais c'est une funeste manie que celle des imitations ; et rien de plus trompeur que l'argument tiré de l'exemple. Que conclure des États-Unis, qui sont une fédération d'États, pour le régime d'un État unitaire ? Et même aux États-Unis, faut-il voir la perfection de la République ? Suffit-il qu'un système y soit en vigueur pour qu'il y soit bon? Suffit-il qu'il y soit bon pour qu'il soit bon partout? Notre République de 1848 le lui a pris : elle lui a pris sa perte. Espérer entre l'Assemblée et le Président un constant accord, quelle chimère ! Vienne donc le désaccord inévitable, rien ne pourra décider entre eux, que la force : ou l'Assemblée entreprendra sur le Président, ou le Président sur l'Assemblée. C'est ce que nous avons vu. Entre deux pouvoirs égaux et qui n'ont pas de supérieur, il n'y a point d'autre droit que le droit du plus fort, ni d'autre rapport concevable que la guerre.

Ce système absorbe dans l'exécutif tous les pouvoirs publics : car l'exécutif, ayant déjà toutes les fonctions dans son ressort et tous les fonctionnaires dans sa main, y peut plus que le législatif, qui, s'il ne lui est pas supérieur, ne doit pas du moins lui être inférieur; et, comme il est déjà, en droit constitutionnel, presque tout le souverain, il ne tarde point, grâce aux moyens d'action dont il dispose, à usurper le peu qui lui manque de la souveraineté, pour absorber en lui la souveraineté tout entière, se déclarer le vrai représentant du peuple, et bientôt se dire le peuple même personnifié en une majesté qui le supprime.

CHAPITRE VII

LA JUSTICE

1. — Les pouvoirs publics ainsi établis par la constitution, voyons-les à l'œuvre maintenant.

Les Chambres font les lois, c'est-à-dire des commandements à tous les citoyens, des prescriptions universelles. Les lois physiques sont immuables; les lois sociales changent, parce qu'elles émanent d'une raison faible et d'une volonté faillible.

Il y a des lois de justice, et des lois d'intérêt général. Les Chambres n'ont pas à créer les premières, fondées sur la justice : elles ont à les reconnaître. Mais c'est une tâche ardue, laborieuse, où l'on se reprend à bien des fois. Les autres lois sont de nature variable comme les intérêts.

On distingue les lois *civiles*, qui règlent les rapports mutuels des membres de la société civile ; les lois *politiques*, qui règlent les rapports des gouvernés aux gouvernants; les lois *criminelles* et *pénales*, qui règlent les pénalités encourues par les violateurs des lois; les lois *fiscales*, qui règlent les impôts et tout ce qui s'y rattache.

La loi doit être respectée : parce qu'elle est juste, ou présumée telle ; parce qu'elle est faite par le souverain légitime ou ses légitimes représentants : le peuple, en obéissant à la loi, s'obéit à lui-même. Si une loi est injuste ou défectueuse, vicieuse à quelques égards, mauvaise en un mot, il peut la critiquer, et sa critique en amènera peu à peu le changement; mais tant qu'elle existe, l'obéissance lui est due. La paix publique est à ce prix. Qui refuse de lui obéir prépare l'anarchie sociale. La raison la fait respecter des honnêtes gens ; la force la fait respecter de tous.

2. — Le gouvernement présente un *projet* de loi à l'une des deux Chambres : de plein droit il en sera délibéré. Un député, un sénateur, présente à la Chambre dont il fait partie une *proposition* de loi : il n'en sera délibéré que si, sur le rapport de la commission d'initiative, elle est prise en considération.

La Chambre saisie élit dans ses bureaux, pour l'examen de la loi présentée, une commission. de onze membres si c'est la Chambre des députés, de neuf si c'est le Sénat. La commission adopte la loi ou la rejette ou la modifie et l'amende, et consigne le résultat de sa délibération, avec les raisons à l'appui, dans un rapport qui, lu à la Chambre, y devient la base d'une délibération publique absolument libre : chaque représentant peut encore amender à son gré la loi dont on délibère. Cette délibération est double dans chaque Chambre : à moins que les Chambres ne prononcent l'*urgence,* une loi ne peut être votée qu'après deux délibérations que sépare un intervalle de cinq jours; votée par une Chambre, elle passe à l'autre, pour y être une seconde fois l'objet de deux délibérations semblables.

Votée par les deux Chambres, la loi est faite. Elle

n'a plus qu'à être promulguée, dans un délai de trois jours pour les lois d'urgence, d'un mois pour les autres. Le Président de la République, sauf le cas où, par un message motivé, il demanderait une seconde délibération, la promulgue en ces termes :

« Le Sénat et la Chambre des députés ont adopté,

« Le Président de la République promulgue la loi dont la teneur suit : (*Texte de la loi.*)

« La présente loi, délibérée et adoptée par le Sénat et la Chambre des députés, sera exécutée comme loi de l'État. »

La loi promulguée est publiée par le *Journal officiel de la République Française*, ou par le *Bulletin des lois* : l'insertion dans l'un comme dans l'autre en opère la promulgation, et la rend exécutoire, pour chaque arrondissement, un jour franc après l'arrivée de l'un ou de l'autre au chef-lieu.

3. — La loi faite, promulguée, exécutée, il faut l'appliquer aux divers cas qui se présentent : soit reconnaître le droit, quand il y a contestation ; soit, quand il se produit une infraction à la loi, la punir. C'est l'office du pouvoir judiciaire.

La *justice civile* juge les contestations entre particuliers. La *justice criminelle* juge les infractions à la loi : contraventions, délits, ou crimes.

Les contraventions encourent des peines de simple police : de 1 à 15 francs d'amende, de 1 à 5 jours de prison. Les délits, des peines correctionnelles : de 5 jours à 5 ans de prison, l'amende, la privation de certains droits civils et politiques. Les crimes, des peines infamantes : le bannissement, la dégradation civique ; des peines afflictives et infamantes : la réclusion, la détention, les travaux forcés à temps et à perpétuité, la mort.

Sauf certains cas peu importants, les tribunaux ne prononcent qu'une première sentence, dont il peut être appelé, c'est-à-dire qui, rendue par un premier tribunal, peut être révisée par un autre : c'est l'*appel;* qui même peut être cassée pour vice de forme ou violation de la loi : c'est la *cassation.* Toutes les précautions sont prises contre le risque de l'erreur.

4. — Le premier degré de la justice est la *justice de paix.* Le juge de paix est d'abord un conciliateur, ayant pour tâche d'arrêter les procès à l'origine par une tentative de conciliation des parties : nulle demande en justice ne peut être formée devant le tribunal d'arrondissement (sauf un petit nombre de cas), qu'elle n'ait été précédée d'une citation en conciliation devant le juge de paix.

Comme juge, au civil, il prononce définitivement sur toute affaire jusqu'à cent francs ; il prononce en premier ressort, et sauf appel devant le tribunal d'arrondissement, pour une foule d'affaires jusqu'à 200 francs, 1500 francs, et au delà, selon l'espèce. Au criminel, il constitue le tribunal de simple police, et juge les contraventions, définitivement au-dessous de cinq francs, en premier ressort au delà, ou quand il y a procès.

En outre de ses fonctions de conciliateur et de juge, il convoque et préside les conseils de famille, dans l'intérêt des mineurs et des interdits ; il dresse les actes d'adoption, d'émancipation ; il appose et lève les scellés après décès ou dans les faillites, etc.

Le juge de paix est unique. Il siège au chef-lieu de canton. Il a deux suppléants, pour les cas d'empêchement ou d'absence. Il est nommé, sur la proposition du ministre de la justice, et sans autre condition que celle d'avoir au moins trente ans, par le Président de la République. Il est révocable.

5. — Au-dessus des justices de paix, sont d'abord les tribunaux d'arrondissement, dits tribunaux *de première instance*, parce que la plupart des affaires n'y sont jugées qu'en première instance et à charge d'appel. Ils jugent au criminel et au civil.

Tribunaux civils, ils jugent toutes les affaires qui échappent à la compétence des juges de paix, ou qui ne sont pas réservées à des tribunaux spéciaux, tribunaux de commerce, tribunaux administratifs. Leur sentence n'est définitive que dans certains cas. Presque toutes les affaires qu'ils ont jugées peuvent être jugées de nouveau, si les parties le demandent, par les Cours d'appel.

Tribunaux criminels, ils jugent les délits. On peut se pourvoir en cassation contre leurs jugements ; et l'on peut toujours en appeler.

Ces tribunaux de première instance sont des tribunaux d'appel pour les affaires que les juges de paix n'ont pu juger qu'en premier ressort.

Ils siègent tous, excepté six, aux chefs-lieux des arrondissements. Ils se composent au moins de trois magistrats, quelquefois de six, quelquefois de neuf, et ils se divisent alors en deux ou trois chambres. L'un de ces magistrats est le président du tribunal : il préside la première chambre, des vice-présidents les autres. Un des juges est chargé de reconnaître les faits criminels : c'est le juge d'*instruction*. Il y a des juges suppléants à chaque tribunal.

6. — Les Cours d'appel, après qu'il a été appelé des jugements rendus par les tribunaux civils et les tribunaux de commerce, les révisent et les jugent en dernier ressort. Elles sont au nombre de vingt-sept, qui étendent chacune leur juridiction sur les tribunaux de plusieurs départements. Elles se composent de conseillers répartis en plusieurs chambres, trois au moins : la chambre civile, la chambre des appels de police correctionnelle, la chambre des mises en accusation. Il y a des présidents de chambre et un premier président. Les chambres jugent séparément ; dans les audiences solennelles, deux chambres se réunissent.

Les crimes sont jugés définitivement et sans appel par les Cours d'assises. Elles jugent aussi les délits de presse, les délits politiques.

Ces Cours ne siègent en permanence qu'à Paris. Elles siègent quatre fois l'an, en janvier, avril, juillet et octobre, au chef-lieu de chaque département (sauf trois, où elles siègent en d'autres villes).

Elles sont composées de deux éléments distincts : 1° un jury de citoyens, qui déclarent par un *verdict* si l'accusé est ou n'est pas coupable ; 2° un tribunal de trois juges : un conseiller à la Cour d'appel, président, deux assesseurs, conseillers à la Cour ou juges au tribunal civil : ils appliquent la peine aux accusés déclarés coupables par le jury.

Chaque année, on dresse une liste de 3000 jurés pour le département de la Seine ; de 400 à 600, à raison de 1 par 500 habitants, pour les autres départements. Il n'est porté sur cette liste que des citoyens ayant au moins trente ans, jouissant de leurs droits civils et politiques, honorables. Le mandat de juré est incompatible avec un grand nombre de fonctions. Ne peuvent être jurés les illettrés, ni les domestiques ; sont dispensés de l'être les septuagénaires, les hommes vivant d'un travail manuel journalier, les récents jurés de l'année courante ou de l'année précédente.

Dans chaque canton, les maires des communes, présidés par le juge de paix, préparent une liste, sur laquelle une commission de conseillers généraux et de juges de paix, présidée par le président du tribunal et réunie au chef-lieu de l'arrondissement, prend la moitié des noms inscrits. A cette liste ainsi préparée et arrêtée en août et en septembre, la commission ajoute une liste spéciale de jurés suppléants.

« Dix jours au moins avant l'ouverture des assises, le premier président de la cour d'appel, ou le président du tribunal qui est le chef-lieu d'assises dans les villes où il n'y a pas de Cour d'appel, tire au sort, en audience publique, sur la liste annuelle, les noms des trente-six jurés qui forment la liste de la session ; il tire en outre quatre jurés suppléants sur la liste spéciale. » Douze jurés sont appelés à se prononcer sur chaque affaire ; leurs noms sont désignés par le sort.

Ils prononcent leur verdict, non sur le fait imputé, mais sur la culpabilité du prévenu ; ils peuvent lui accorder des *circonstances atténuantes*. La défense a le droit de récuser un certain nombre d'entre eux ; l'accusation également. La Cour, qui applique la peine, en détermine le degré, entre un minimum et un maximum fixés. Peut se pourvoir en cassation, soit la défense en cas de condamnation, soit l'accusation en cas d'acquittement.

7. — La défense est pour le prévenu, l'accusation pour la société, qui a le plus grave intérêt à ce que justice soit faite. L'accusation est la défense de la société. Le prévenu se défend par l'organe d'un avocat libre, qui lui prête son ministère ; ou, s'il n'en a pas, d'un avocat désigné d'*office :* car il faut qu'on l'entende, et il doit se défendre. La société se défend par un avocat qui est un magistrat : commissaire de police et, à son défaut, le maire ou ses adjoints, devant le juge de paix ; procureur et substituts du procureur près le tribunal d'arrondissement ; procureur général avec ses substituts et des avocats généraux près la Cour d'appel : c'est le *ministère public*, dit magistrature *debout*, par opposition à la magistrature *assise :* celle-ci, en effet, est inamovible, l'autre révocable.

Les membres du ministère public ont pour chef le ministre de la justice. Les Cours d'appel provoquent, au besoin, leur action. Ils recherchent les faits punissables : c'est leur première tâche. Ils saisissent la justice, font instruire les affaires criminelles, concluent pour l'application des peines. Contre les avocats, qui défendent des intérêts particuliers, ils défendent l'intérêt social.

8. — Au-dessus de tous les tribunaux, s'élève un tribunal suprême, la Cour de cassation, chargée de casser ou d'annuler tout jugement qui aurait été rendu en violation de la loi ou des formes prescrites. Elle ne juge pas à nouveau les faits : elle juge les jugements, et de la sorte assure l'exécution de la loi, en établit, au besoin, l'interprétation uniforme, fixe la jurisprudence.

Elle siège à Paris. Elle comprend plusieurs chambres.

Son office n'est pas de juger, mais de renvoyer, s'il y a lieu, au jugement d'un second tribunal. Si le second maintient la sentence du premier, il peut y avoir un autre pourvoi : la Cour de cassation rend alors, en audience solennelle, toutes Chambres réunies, un arrêt obligatoire, quant aux points de droit, pour le troisième tribunal.

9. — Tels sont les tribunaux de droit commun. Il y en a d'autres, exceptionnels, pour le jugement d'affaires spéciales. Ainsi les tribunaux de commerce établis dans certaines villes où l'industrie et le commerce ont de l'importance; dans les autres, ce sont les tribunaux de première instance qui connaissent des affaires commerciales. Ainsi les Conseils de prudhommes, pour les différends entre patrons et ouvriers : ils ont à les concilier, et, s'ils n'y parviennent pas, à les

juger. Il en existe dans la plupart des villes manufacturières.

10. — Quand les particuliers ont à réclamer contre les actes de l'administration, ils s'adressent à des tribunaux administratifs. Les affaires qui relèvent de ces tribunaux forment le *contentieux administratif*. Ils sont nombreux : préfets, sous-préfets, maires, conseils de prudhommes, peuvent être juges administratifs. Leurs jugements peuvent être portés en appel devant le *Conseil d'État*.

Le Conseil d'État a des attributions diverses. C'est un Conseil de gouvernement, un pouvoir politique et un tribunal administratif tout ensemble.

Comme tribunal, il juge en dernier ressort et statue souverainement : soit qu'il juge en appel, ou en cassation, ou en premier et dernier ressort : il prononce, par exemple, sur les recours pour excès de pouvoir, quelle que soit l'autorité accusée d'abus.

Comme pouvoir politique, il aide le gouvernement et les Chambres dans la préparation des lois, sans que jamais son concours soit obligatoire. Le pouvoir législatif et le pouvoir exécutif le consultent s'ils veulent ; si le gouvernement lui a soumis un projet de loi, il peut charger un conseiller de le soutenir devant les Chambres. Les règlements d'administration publique, nécessaires pour le détail de l'exécution et de l'application des lois, sont préparés par le Conseil.

Ce corps comprend quatre catégories de membres :

1° Trente-deux conseillers d'État en service ordinaire, qui sont nommés et peuvent être révoqués par décrets rendus en Conseil des ministres ; renouvelables par tiers tous les trois ans, rééligibles ; ils doivent avoir trente ans accomplis.

2° Dix-huit conseillers d'État en service extraordinaire, nommés par simple décret du Président de la République ; ils sont choisis parmi les chefs des principaux services ministériels. Ils n'ont voix délibérative en Assemblée générale que sur les affaires de leur compétence propre.

3° Trente maîtres des requêtes, nommés et révoqués par décret, sur l'avis du vice-président et des présidents de section : ils étudient les affaires qui leur sont confiées, et en font le rapport, avec voix délibérative. Ils doivent avoir au moins vingt-cinq ans.

4° Trente-six auditeurs en deux classes de douze et de vingt-quatre, nommés au concours. Ils préparent les rapports, ont en section voix délibérative, et consultative en Assemblée générale, pour les affaires dont ils sont rapporteurs. Il faut avoir au moins vingt-cinq ans pour être auditeur de seconde classe, et trente pour être auditeur de première classe.

Le Conseil d'État a un président, qui est le garde des sceaux, ministre de la justice ; un vice-président, et cinq présidents de section.

11. — Il sera question plus loin des tribunaux militaires et des tribunaux universitaires.

La justice est gratuite. Ce qui ne l'empêche pas d'être fort chère. Elle est gratuite en principe : le juge ne la fait pas payer ; mais elle entraîne des frais considérables : honoraires d'huissiers, d'avoués, d'avocats, droits d'enregistrement, de timbre, de greffe, etc. La défense est libre. Le jugement et les débats sont publics.

CHAPITRE VIII

LA FORCE PUBLIQUE.

1. — Pour protéger la société contre les agressions du dedans et contre celles du dehors, pour assurer le respect de la loi, pour défendre les droits ou l'honneur du pays, il faut une force publique : une armée bien préparée, toujours prête, toujours disponible, permanente; et il faut que cette armée soit nationale.

« Tout Français doit le service militaire personnel.

« Il n'y a dans les troupes françaises ni prime en argent ni prime quelconque de remplacement.

« Le remplacement est supprimé.

« Tout Français qui n'est pas déclaré impropre à tout service militaire fait partie :

« De l'armée active pendant cinq ans ;

« De la réserve de l'armée active pendant quatre ans ;

« De l'armée territoriale pendant cinq ans ;

« De la réserve de l'armée territoriale pendant six ans. »

Tous les jeunes gens de vingt à vingt-cinq ans, sauf ceux qui ont été déclarés impropres au service ou qui ont été classés dans l'armée de mer, font partie de l'armée active. Après un an, les soldats qui ont tiré les premiers numéros restent au corps, en nombre déterminé par le ministre de la guerre. Les autres rentrent dans leurs foyers, à moins que leur instruction ne soit trop insuffisante, auquel cas on les garde encore un an ; ceux d'entre eux, au contraire, qui justifient d'une instruction suffisante, partent au bout de six mois. Tous ces jeunes gens, et tous ceux qui sont aussi, à d'autres titres, dispensés de servir, forment la disponibilité de l'armée active : ils sont soumis à des exercices et à des revues. Ceux qui servent vivent ensemble à la caserne ; ils ne peuvent se marier sans autorisation. Les disponibles sont libres à cet égard. S'ils changent de domicile ou de résidence, ils doivent le déclarer à la mairie de la commune qu'ils laissent et à celle de leur nouvelle commune.

Tous ensuite, les disponibles comme ceux qui servent, passent de l'armée active dans la réserve, où ils restent de vingt-cinq à vingt-neuf ans, astreints à participer tous les deux ans à une manœuvre, qui ne dure pas plus de quatre semaines.

Les réservistes, non plus que les disponibles, n'ont besoin d'autorisation pour se marier. Pères de quatre enfants vivants, ils passent dans l'armée territoriale. Tous y passent après quatre ans de réserve.

Ils y demeurent cinq ans, de vingt-neuf à trente-quatre ans, pour la défense des côtes, des forts, du territoire : d'où leur nom de *territoriaux*. Ils sont chez eux, tant qu'ils n'ont pas été appelés ou mobilisés. Ils sont soumis à des exercices annuels, qui durent treize jours.

Ils entrent enfin dans la réserve de l'armée territoriale. Elle comprend tous les hommes de trente-quatre à quarante ans. C'est la dernière réserve, pour les cas d'extrême nécessité ; c'est la dernière ressource du pays.

Chaque année, avant le 15 janvier, les maires des communes dressent et affichent le tableau des jeunes gens qui ont eu vingt ans l'année précédente. Tous ceux d'un même canton sont appelés à tirer au sort, sous la présidence du sous-préfet. Les derniers numéros forment les disponibles de l'armée active.

2. — On peut être exclu du service militaire. On peut en être exempté, en être dispensé.

Sont exclus d'un service qui est un honneur ceux qui en sont notoirement indignes, tels que les condamnés à une peine afflictive ou infamante, et quelques autres.

Sont exemptés les jeunes gens atteints d'infirmité grave. Sont ajournés jusqu'à deux fois les jeunes gens faibles, ou qui n'ont pas la taille réglementaire. Sont favorisés d'un sursis d'un an, renouvelable une fois, ceux qui terminent leurs études, leur apprentissage, ou qui ont besoin de poursuivre sans interruption une exploitation agricole, industrielle, commerciale. Cette faveur est accordée, ou peut l'être, à quatre sur cent conscrits.

Sont dispensés du service d'activité en temps de paix : l'aîné d'orphelins de père et de mère ; — le fils unique, ou l'aîné des fils, ou, à défaut de fils ou de gendre, le petit-fils unique ou l'aîné des petits-fils d'une veuve ou d'une femme de mari légalement absent; — le fils unique ou l'aîné d'un aveugle ou d'un septuagénaire; — l'aîné de deux frères concourant au même tirage, si le plus jeune est propre au service; — le frère d'un militaire en activité de service, ou réformé, ou mort sous les drapeaux. Il faut que ces causes de dispense existent le jour où le Conseil de révision statue; elles ne sont applicables qu'aux enfants légitimes.

Sont dispensés en outre, même en temps de guerre, mais sous la condition d'un autre service que l'État juge équivalent : 1° les membres de l'instruction publique; 2° les élèves des Écoles normales; 3° les professeurs des Écoles nationales des sourds-muets et des jeunes aveugles; 4° les novices des associations religieuses enseignantes, légalement autorisées et reconnues d'utilité publique : les uns et les autres doivent se vouer, par engagement contracté devant le recteur de l'Académie, à l'enseignement pour dix ans; 5° les élèves pensionnaires de l'Ecole des langues orientales vivantes, et les élèves de l'École des chartes nommés après examen, à la condition de dix ans passés dans ces Écoles et dans un service public; 6° les artistes qui ont remporté le grand prix de l'Institut, aux conditions y attachées; 7° les élèves ecclésiastiques désignés à cet effet par les archevêques et les évêques. et les jeunes gens autorisés à continuer leurs études pour se vouer aux cultes salariés par l'État, sous la condition qu'ils seront astreints au service militaire s'ils cessent leurs études ou s'ils ne sont pas soit entrés dans les ordres majeurs soit consacrés à vingt ans.

On peut encore dispenser, à titre de soutiens de famille, quatre jeunes gens sur cent du contingent départemental.

C'est le Conseil de révision qui statue sur tous ces cas d'exclusion, d'exemption et de dispense. Il se compose du préfet, président; d'un conseiller de préfecture, d'un conseiller général, d'un conseiller d'arrondissement, d'un officier supérieur. Il est assisté du sous-préfet, qui a voix consultative; d'un sous-intendant, qui présente des observations écrites; d'un médecin militaire, chargé de constater les infirmités qui rendent impropre au service. Le commandant de recrutement le suit dans sa tournée, qui dure un mois.

S'il y a des exemptés ou des dispensés, en revanche il y a des engagés volontaires : pour la durée de la guerre, en temps de guerre; ou pour cinq ans. Ils peuvent se réengager. Un engagé doit n'être ni marié ni veuf avec enfants ; avoir au moins dix-huit ans; savoir lire et écrire.

Ceux qui, par la production de certains diplômes, ou par des examens spéciaux, justifient d'un certain degré d'instruction, ne sont tenus, moyennant un versement de 1,500 francs, qu'à une seule année de service : c'est ce qu'on appelle le *volontariat d'un an*.

3. — L'armée de mer se recrute par l'*inscription maritime*, qui met à la disposition du ministre de la marine tous les marins de dix-huit à cinquante ans, ainsi que les pêcheurs côtiers du même âge. Les premiers appelés, en cas de guerre, sont les célibataires;

puis les veufs sans enfants ; puis les mariés sans enfants ; enfin les pères de famille. En temps de paix, ils ne servent qu'une fois, et avant quarante ans : le service est de trois ans.

Il faut ajouter aux marins inscrits les conscrits qui, ayant demandé le service de la marine, ont été jugés propres à ce service ; des conscrits pris dans les premiers numéros pour les besoins de ce service ; des engagés ou réengagés volontaires. Après cinq ans d'activité et quatre ans de réserve, ils passent dans la réserve de l'armée territoriale, où ils restent jusqu'à quarante ans.

La France est divisée en dix-huit régions militaires ; une dix-neuvième est l'Algérie. Dans chacune réside un corps d'armée.

4. — Les crimes et délits commis par les militaires ou les marins sont jugés par des tribunaux militaires, conseils de guerre, conseils de révision.

Les conseils de guerre, tribunaux permanents, composés d'un président et de six juges, qui siègent dans chaque division militaire et dans chaque arrondissement maritime, appliquent des peines de simple police, des peines correctionnelles, des peines criminelles, et encore des peines militaires spéciales. Ils jugent sans appel ; mais les condamnés peuvent se pourvoir en cassation devant le conseil de révision, qui est un tribunal de cassation composé d'un président et de quatre juges. Il y a autant de conseils de révision que de conseils de guerre.

Ajoutons des tribunaux maritimes, établis au chef-lieu de chaque arrondissement maritime; ajoutons des conseils de guerre et des conseils de révision établis à bord des navires de l'État.

5. — L'état de siège est une suspension du règne des lois, de l'empire du droit commun, une remise du pouvoir aux mains de l'autorité militaire, qui suspend la liberté, l'inviolabilité du domicile. Ce régime exceptionnel est quelquefois nécessité par la guerre; quelquefois dans la paix même par le trouble des esprits. Pendant la guerre, il résulte de certaines situations, et un décret du Président de la République suffit pour l'établir. En temps de paix, il faut une loi. La loi qui l'établit en déclare la durée. Elle peut l'étendre d'une ville à un arrondissement, à un département, à plusieurs. La loi est faite par les Chambres : absentes, le Président de la République peut d'urgence, en Conseil des ministres, déclarer l'état de siège : deux jours après, les Chambres se réunissent de plein droit. En cas de dissolution de la Chambre des députés, le Président ne peut déclarer l'état de siège, à moins d'invasion étrangère.

L'autorité militaire peut éloigner de la ville ou du territoire en état de siège tout repris de justice, toute personne qui n'y a pas son domicile; y faire chez les citoyens des perquisitions de jour et de nuit; se faire remettre, rechercher, enlever toutes les armes, interdire les publications et les réunions qu'elle estime dangereuses; déférer aux conseils de guerre tous les crimes et les délits contre l'ordre et la paix publique, quels qu'en soient les auteurs, militaires ou civils.

CHAPITRE IX

L'INSTRUCTION PUBLIQUE.

1. — Il y a un enseignement public, et un enseignement privé ou libre. L'enseignement privé est surveillé par l'État, et il doit l'être : l'État, tuteur des mineurs, ne peut permettre au premier venu d'exercer une autorité redoutable sur les enfants. Il exige des conditions pour l'exercice de l'enseignement, comme il en exige pour l'exercice de la médecine. La médecine est libre : est médecin qui veut, mais il faut des garanties ; de même il faut des garanties pour être un instituteur de la jeunesse : sous des garanties de moralité et de capacité nécessaires, est instituteur de la jeunesse, ouvre des écoles, enseigne qui veut.

A côté de ces écoles libres, l'État a des écoles publiques, où enseignent des professeurs, des instituteurs publics, instituteurs et professeurs à tous les degrés, chargés par lui d'instruire la jeunesse.

La raison qui veut que l'État ait son enseignement est triple : d'abord l'État doit tous les services compatibles avec la liberté commune ; ensuite, l'État doit faire en sorte que chacun des membres de la société, l'enfant du pauvre comme l'enfant du riche, puisse acquérir tout le mérite dont il est capable, pour mettre en pratique le principe démocratique d'une hiérarchie où le seul mérite marque et fixe les rangs ;

enfin, l'État a le droit d'imposer à ceux qui se proposent à lui pour le servir telles conditions qu'il estime les meilleures : de là, collation des grades, programmes, écoles, etc. La dernière de ces trois raisons lu permet un enseignement; les deux autres le lui commandent comme un devoir, et la seconde le lui commande gratuit pour ceux qui s'en sont montrés les plus dignes. D'où la gratuité de l'enseignement primaire, l'institution de bourses pour l'enseignement secondaire et l'enseignement supérieur.

2. — Il y a trois degrés de l'enseignement : primaire, secondaire, supérieur.

L'enseignement primaire procure un degré d'instruction indispensable, sans lequel on ne saurait participer à une civilisation telle que la nôtre. Il se donne dans les écoles maternelles, dans les écoles primaires élémentaires, dans les écoles primaires supérieures. Pour être instituteur, institutrice, il faut être pourvu d'un brevet de capacité, élémentaire ou supérieur. Les écoles normales primaires préparent et forment des instituteurs, des institutrices. Des écoles normales primaires supérieures préparent et forment des professeurs de ces écoles.

L'enseignement secondaire procure l'instruction générale, et prépare aux professions libérales. Il se donne dans les lycées et collèges communaux, dont les professeurs sont des bacheliers, des licenciés, des agrégés : il faut être agrégé pour être professeur titulaire dans un lycée; les autres n'y sont que chargés de cours. Une école normale supérieure établie à Paris, et qui se recrute au concours, forme des élèves d'élite pour la licence et l'agrégation. D'autres candidats se préparent dans les Facultés. Une école normale établie à Cluny prépare des professeurs pour l'enseignement secondaire spécial, qui a ses lycées et ses collèges, et qui s'ajoute dans les autres à l'enseignement secondaire classique.

Enfin, l'enseignement supérieur couronne toutes les études; il s'adresse au public, aux personnes de tout âge, mais surtout aux jeunes gens désireux d'acquérir une haute instruction médicale, juridique, scientifique, littéraire; il se donne dans les Facultés de droit, de médecine, de sciences et de lettres. Il y a encore des Facultés de théologie catholique et de théologie protestante. Les professeurs de Faculté doivent être agrégés de faculté dans les Facultés de droit et de médecine, docteurs dans les autres. Ils confèrent les grades : baccalauréat, licence, doctorat.

L'ensemble des écoles d'enseignement public à tous les degrés est l'Université de France. A sa tête est le ministre de l'instruction publique. Puis viennent les recteurs, qui administrent les dix-sept divisions territoriales de l'Université, qu'on appelle Académies; les inspecteurs généraux des enseignements supérieur, secondaire et primaire, pour toute la France; les inspecteurs d'académie, au moins un par département; les inspecteurs primaires, au moins un par arrondissement.

Remarquez le sens des mots Université et Académie : il n'est pas le même en France qu'à l'étranger, où ils désignent la réunion des Facultés : Université, quand elles forment le groupe entier ; Académie, quand il en manque une ou deux. En France, les Académies sont les divisions territoriales, administratives, et comme les départements de l'Université, qui embrasse l'instruction publique tout entière sur tout le territoire français.

3. — L'enseignement primaire est obligatoire, gratuit, laïque.

Obligatoire. Les parents le doivent à leurs enfants : ils le leur donnent où ils veulent, à domicile, en des écoles privées de leur choix, à l'école publique ; ils sont libres : la loi ne les oblige pas de le leur donner en ses écoles, mais de le leur donner. Peu importe ici la liberté des parents, que les adversaires de l'obligation scolaire invoquent fort mal à propos : la liberté de violer un droit n'existe pas. L'État est institué précisément pour maintenir entre les membres de la société le respect mutuel de leurs droits, pour contraindre au besoin à ce respect : un débiteur sera malvenu à invoquer sa liberté pour se refuser à payer une dette, pour dénier à l'État le droit de l'y contraindre. Si les parents refusent à leurs enfants la nourriture qu'ils lui doivent, l'État les force à la leur donner ; de même doit-il aussi les forcer à leur donner l'instruction qu'ils leur doivent. Au défaut des parents, lui-même la leur donnera : il a ses écoles, et pour les enfants que leurs parents lui confient, et pour les enfants à qui leurs parents refusent l'instruction qui leur est due.

Si l'instruction primaire n'était qu'une dette des parents, elle serait à leurs frais, et il n'y aurait gratuité que pour les pauvres, à titre d'assistance. Mais elle est en outre une dette de l'État. Il faut que tous les membres de la société, sous le régime de la souveraineté nationale, puissent être citoyens : l'État leur en doit la condition, et la principale de toutes les conditions, l'instruction primaire. Il n'a donc pas à la faire payer : depuis quand le débiteur fait-il payer le payement d'une dette? L'instruction primaire, obligatoire du côté des parents, l'est aussi du côté de l'État; et c'est pourquoi elle est gratuite.

En outre, elle est laïque, c'est-à-dire neutre en matière de religion. Il n'en saurait être autrement, dès qu'il n'y a point religion d'État, dès que la liberté religieuse existe dans un pays. Qu'une école privée soit catholique, protestante, juive, elle ne s'ouvre qu'à des catholiques, à des protestants, à des juifs. Les écoles de l'État sont ouvertes à tous : quel enseignement religieux donneront-elles? Catholique? il froissera la conscience des autres. L'État s'abstient donc de l'enseignement religieux. Il ne le donne point, il ne le combat point : il n'a pas qualité pour le donner ou le combattre. Il ne s'en charge pas, voilà tout. Il le laisse aux familles, aux ministres des différents cultes, à l'église, au temple, à la synagogue, à la mosquée, où est sa place. Mais il se charge de la morale. Avant d'être chrétien ou juif, on est homme, et Français en France : il y a une morale humaine, une morale civique. S'il n'y a plus chez nous de religion d'État, il y a toujours une morale d'État, puisqu'il y a un droit public et une législation. Et il y a une morale humaine, non de foi, mais de science et de raison, que l'État peut enseigner à ce titre.

L'instruction est aujourd'hui ce qu'elle doit être : laïque, gratuite, obligatoire pour tous les enfants des deux sexes, de six ans révolus à treize ans révolus. Un certificat d'études primaires est décerné par un examen public, auquel on peut se présenter dès l'âge de onze ans ; et ceux qui, à partir de cet âge, l'ont obtenu, sont dispensés du reste de leur temps d'obligation scolaire. Une commission scolaire municipale, établie dans chaque commune pour surveiller et encourager la fréquentation des écoles, juge les absences, et applique (ou, à son défaut, l'inspecteur primaire) les peines édictées par les lois : peines graduées, et qui n'ont rien d'excessif.

4. — Le ministre de l'instruction publique la dirige avec le concours d'un Conseil supérieur. Le *Conseil supérieur de l'instruction publique* compte 58 membres : 40 délégués des divers corps d'enseignement public, depuis le Collège de France jusqu'à l'enseignement primaire, élus par les suffrages de leurs collègues ; quatre conseillers, nommés, sur la proposition du ministre, par le Président de la République, y représentent l'enseignement libre; cinq y représentent l'Institut, élus par chacune des cinq académies ; neuf sont nommés par décret du Président de la République en Conseil des ministres sur la présentation du ministre, tous choisis parmi les universitaires en exercice ou les

anciens universitaires. Tous les membres du Conseil, élus ou nommés, le sont pour quatre ans ; ils sont rééligibles.

Le Conseil supérieur de l'instruction publique siège deux fois par an en assemblée générale ; le ministre, qui le convoque pour ces deux sessions ordinaires, peut le convoquer extraordinairement. Il a toujours auprès de lui une section permanente du Conseil, composée de quinze membres, dont neuf nommés par décret, six désignés par le ministre parmi les élus. Elle étudie les programmes et règlements à soumettre au Conseil ; elle donne son avis sur les créations de Facultés, lycées, collèges, écoles normales, écoles primaires ; sur les créations et transformations de chaires ; sur les livres de classe, de bibliothèque et de prix pour les écoles publiques ; sur toutes les questions d'administration, de discipline ou d'études qui lui sont renvoyées par le ministre. Le Conseil donne son avis sur tous ces objets, et sur d'autres, concernant les écoles libres, examens, surveillance, interdiction de livres contraires à la morale ou aux lois, etc. En outre il est tribunal d'appel, et statue en dernier ressort sur les jugements des Conseils académiques dans une foule d'affaires contentieuses, et sur quelques jugements des Conseils départementaux.

Au-dessous du Conseil supérieur, en effet, se placent d'autres Conseils : le *Conseil académique*, qui se réunit deux fois par an en séance ordinaire, sous la présidence du recteur : c'est une juridiction d'enseignement supérieur et d'enseignement secondaire ; et le *Conseil départemental*, présidé par le préfet : c'est une juridiction d'enseignement primaire. Ils relèvent du Conseil supérieur, juridiction suprême.

CHAPITRE X

L'IMPOT.

1. — « L'argent est le nerf de la guerre », dit un proverbe. Les services publics exigent des dépenses publiques : il faut pourvoir à ces dépenses. D'où l'État pourra-t-il, d'où devra-t-il tirer l'argent nécessaire ? De ceux qui profitent des services publics, de la société qui en bénéficie; des particuliers protégés, défendus, instruits par l'État. L'État opère donc, sur les ressources et sur le travail des particuliers, un prélèvement en vue de subvenir aux besoins publics. Ce prélèvement nécessaire et légitime est l'*impôt*.

On ne l'impose plus, et l'expression n'est plus juste. Les particuliers contribuent aux dépenses publiques dans une proportion qu'ils déterminent pour ainsi dire eux-mêmes par leurs mandataires, représentants du pays : les sommes ainsi versées par eux sont leurs *contributions*, et ils sont *contribuables*.

Comme c'est la nécessité de l'impôt qui en fait la légitimité, il n'est légitime aussi que dans la mesure et jusqu'au degré où il est nécessaire.

L'impôt est également obligatoire pour tous. Il doit

être payé par tous ceux qui peuvent le payer, proportionnellement au revenu de chacun.

Il ne doit pas être payé par les uns plus que par les autres, mais par tous également : c'est-à-dire, dans une égale proportion, ou pour une égale part de leur fortune. Tous également profitent de ce qu'il paie ; les services publics répandent leurs bienfaits sur la société entière, tous y ont une égale part : tous doivent donc, pour une égale part, contribuer aux dépenses publiques. Une égale part, c'est-à-dire un tant par chaque unité de revenu, un tant pour cent : c'est l'impôt proportionnel.

Plusieurs seraient partisans d'un impôt dit *progressif :* le taux pour cent s'élèverait à mesure que s'élèverait le revenu ; la contribution serait de 0 p. 100, de 1 p. 100, de 2 p. 100, 3 p. 100, jusqu'à 20 p. 100, jusqu'à 30 p. 100, et au delà, selon qu'on serait plus riche. On peut exonérer le pauvre, parce qu'il est pauvre, et à titre d'assistance ; mais rendre l'impôt de plus en plus lourd selon qu'on est plus riche, où en est la justice ? C'est l'inégalité ; c'est le privilège du pauvre, l'oppression du riche. C'est la spoliation du riche. Si trop longtemps les pauvres, les faibles et les petits ont été spoliés, il ne faut pas remplacer un tort par un autre ; et si le privilège du pauvre est moins odieux que celui du riche, il n'en est pas moins injuste. La justice n'est pas la progression, mais l'égalité proportionnelle de l'impôt.

2. — Notre impôt est de deux sortes : impôt direct, impôt indirect : l'un qui est demandé directement et

nominativement au contribuable, l'autre qui lui est demandé par voie de tarifs sur les marchandises : s'il est perçu aux frontières, soit à l'entrée, soit à la sortie, on l'appelle droit de *douanes ;* si c'est aux portes de la commune, droit d'*octroi.* Ce sont les impôts *de consommation,* ou impôts *sur la consommation.*

Les contributions directes sont *grandes* ou *petites :* Il y a quatre *grandes contributions directes :* 1° l'*impôt foncier,* payé par tous les propriétaires d'immeubles d'après un revenu établi par une opération dite *cadastre ;* 2° la contribution *personnelle* et *mobilière* due par chaque habitant non indigent, Français ou étranger, savoir : la *taxe personnelle* qui équivaut à trois journées de travail, selon l'estimation du Conseil général : elle est la même pour tous les habitants de la commune ; et la *cote mobilière,* d'après la valeur d'habitation des locaux que l'on occupe ; 3° la contribution *des portes et fenêtres,* due pour toute ouverture de maison, sauf quelques exceptions ; 4° la contribution des *patentes,* due par quiconque exerce un commerce ou une industrie.

Les *petites contributions directes* sont diverses redevances, telles que la redevance des mines, les taxes de toutes sortes, sur les chevaux et voitures, sur les billards, les cercles, les lieux de réunion, etc.

La loi qui fixe chaque année l'impôt direct fixe en même temps le contingent de chaque département, réparti ensuite par le Conseil général entre les arrondissements, et par le Conseil d'arrondissement entre les communes.

A la tête des contributions directes, au ministère des finances, est un directeur général, qui a sous ses ordres, dans chaque département, un directeur, avec un ou plusieurs inspecteurs et des contrôleurs de toute classe, chargés de surveiller tous les agents de ce service.

Le contribuable reçoit d'abord un *avertissement*, qui lui fait connaître la nature et la quotité de ses impositions. S'il tarde à les payer, il reçoit une première *sommation sans frais*, suivie, après dix jours, s'il tarde encore, d'une seconde sommation *avec frais;* trois jours après, un *commandement*, et enfin, après trois autres jours, s'il ne s'exécute pas, il est *saisi*, c'est-à-dire qu'on lui prend ses meubles pour les mettre en vente jusqu'à concurrence des sommes dues.

Les réclamations des contribuables, si elles portent sur le droit, sont dites *contentieuses*, et jugées par le Conseil de préfecture; leurs demandes en remise ou diminution d'impôts pour cause d'insuffisance de ressources sont dites *gracieuses*, et jugées par le Préfet seul.

3. — Les contributions indirectes sont très variées. Elles comprennent des impôts de consommation, des droits de douane, des droits d'enregistrement et de timbre. Les impôts de consommation, payés d'abord par les fabricants ou les marchands, se retrouvent dans les prix des marchandises : ce sont, en définitive, les consommateurs qui les payent, sans y prendre garde.

Les tarifs douaniers sont fixés par la loi. Les marchandises doivent être déclarées par l'expéditeur. Le transport clandestin de marchandises non déclarées est la *contrebande*, vol fait à l'État, et passible de peines correctionnelles.

Les actes notariés sont inscrits sur des registres publics : cette inscription, garantie de leur date et de leur authenticité, donne lieu à un droit, fixe pour certains actes, proportionnel pour d'autres, qui est le droit d'*enregistrement*. Les actes sous seing privé qui contiennent transmission de propriété ou d'usufruit d'immeubles, comme les baux, doivent être enregistrés. Certaines écritures, actes authentiques, effets de commerce, contrats, etc., sont soumis à l'obligation d'une marque imprimée par l'État : cette marque est le *timbre*, affecté d'un droit tantôt fixe, tantôt proportionnel.

Il y a une administration des Contributions indirectes, une administration des Douanes, une administration de l'Enregistrement et des Domaines : toutes relèvent du ministère des finances.

Le contentieux relatif à ces contributions ressort de l'autorité judiciaire. L'instruction des affaires se fait devant le tribunal civil. Les contraventions et les fraudes sont jugées par le tribunal de police correctionnelle.

CHAPITRE XI

LE BUDGET. — LES MINISTÈRES.

1. — Le *budget*, mot anglais, d'un vieux mot bas-normand qui signifie *sac de cuir*, *bourse*, est l'exposé des recettes et des dépenses du pays.

Il est d'un bon régime financier de ne dépenser que dans la mesure de ce qu'on a; d'avoir aussi ou de recevoir dans la mesure des besoins d'une dépense nécessaire : les Chambres votent les recettes avant les dépenses, qui seront réglées d'après les recettes, mais dans leur détail, les recettes se réglant elles-mêmes sur un ensemble de dépenses prévues.

Le ministre des finances dresse tous les ans et présente aux Chambres le budget, en deux parties : recettes, dépenses. Le budget se règle *en balance*, ou *en excédent*, ou *en déficit*, selon que les dépenses sont égales ou inférieures ou supérieures aux recettes. On appelle *exercice* la durée de l'application d'un budget : l'exercice du budget d'une année s'étend au delà de l'année, jusqu'au 31 mars de l'année suivante pour les communes et les départements, jusqu'au 31 août pour l'État.

Le budget se vote par chapitres, au nombre d'environ trois cents.

2. — Avant les dépenses afférentes aux divers services plublics, une première dépense inscrite au

budget est la *dette publique* : elle comprend la *dette consolidée* ou la *rente*, la *dette flottante*, la *dette viagère*.

La rente est l'intérêt payé aux créanciers de l'État.

L'État, en des besoins pressants, soit pour combler un déficit, ou pour exécuter de grands travaux, ou pour payer des dettes, comme nos cinq milliards à la Prusse, dut recourir à des emprunts. Il peut, un jour ou l'autre, se trouver dans la nécessité d'y recourir encore. Il emprunte donc, à 3 p. 100, 4 p. 100, 4 1/2 p. 100, 5 p. 100, ne s'engageant qu'à servir l'intérêt, sans époque déterminée pour le remboursement du capital. C'est le contrat dit *de rente perpétuelle*. Si l'un de ses créanciers veut rentrer dans son capital, il vend son droit à l'intérêt, sa créance, pour laquelle il trouve sans peine acheteur, le nouveau créancier qu'il se substitue étant sûr de recevoir à sa place un intérêt régulièrement payé, et, s'il veut à son tour rentrer dans son capital, de vendre à son tour sa créance à un acheteur, nouveau créancier de l'État. C'est ce qui s'appelle vendre et acheter de la rente. Les rentes sur l'État sont inscrites au grand livre de la Dette publique ; et les titres remis aux créanciers de l'État, dits *rentiers*, se nomment *inscriptions de rentes*. Ces titres sont *au porteur*, transmissibles de la main à la main, ou *nominatifs*, et dans ce cas leur négociation s'opère par un transfert. Ces rentes se vendent et s'achètent par le ministère des agents de change, moyennant un courtage de 1/8 p. 100 sur le prix de la rente vendue ou achetée.

L'Etat retient indéfiniment le capital : d'où le nom de *dette consolidée;* ou le rembourse quand il peut, quand il veut, quand il y trouve son avantage. Il rembourse au pair, naturellement ; le créancier peut y gagner ou y perdre, suivant qu'il aurait acheté au-dessous ou au-dessus du pair. D'ailleurs l'acheteur de rente sait que le droit à une rente fixe, qu'il achète, représente un capital variable. Ceci permet à l'État un mode de libération, dit *conversion de la rente*, qui consiste à offrir aux rentiers le choix entre le remboursement au pair ou une réduction dans le taux de l'intérêt. Si la rente réduite se vend encore au-dessus du pair, elle sera plus avantageuse que le remboursement au pair, et la plupart la préféreront ; le bénéfice qui en résultera pour l'État permettra de rembourser les autres. La dette sera diminuée d'autant, ainsi que le service annuel de la rente. L'État se libère en outre par l'*amortissement*, c'est-à-dire par le rachat graduel des titres de rente offerts à la Bourse. Il existe à cet effet une *caisse* dite *d'amortissement*.

La *dette flottante* se compose des sommes remboursables au gré de ceux qui les ont remises à l'État, comme les *dépôts* faits aux caisses d'épargne ; les *cautionnements*, que certains fonctionnaires, obligés de les fournir, reprennent quand ils se retirent ; des *bons du trésor* souscrits pour des sommes portant intérêt et remboursables à échéance.

La *dette viagère* comprend les sommes à payer aux créanciers pendant leur vie, telles que les pensions de retraite.

Après les dépenses du service de la dette, viennent celles des services publics.

3. — Quant aux recettes, il faut ajouter à l'impôt, principale source des revenus de l'État, un domaine et des forêts, dont le rapport ne laisse pas d'être assez considérable ; des immeubles, qu'il peut louer, ou qui lui épargnent, s'il en fait usage, des frais de location.

En résumé, la confection du budget comprend deux parties : recettes, dépenses. Recettes : 1° contributions directes ; 2° contributions indirectes. Produits divers. Reliquats de budgets antérieurs. Dépenses : budget ordinaire : 1° dette publique ; 2° services publics : Président de la République ; Sénat ; Chambre des députés ; Ministères des finances, de la justice, des affaires étrangères, de l'intérieur, des cultes, des postes et télégraphes, de la guerre, de la marine et des colonies, de l'instruction publique et des beaux-arts, de l'agriculture et du commerce, des travaux publics ; gouvernement civil de l'Algérie. Budget extraordinaire.

4. — L'énumération des services publics en fait connaître le nombre et le caractère.

Les ministères sont les grandes administrations centrales, dont le siège est à Paris. Chaque ministre a sous ses ordres des directeurs généraux, directeurs ou sous-directeurs, des chefs de division, des chefs de bureau, des sous-chefs et des employés. Tous les serviteurs de l'État sont *fonctionnaires* payés par lui pour le bien public ; après un certain temps de service, ils ont droit à une pension de retraite proportionnée aux retenues qu'ils ont subies.

Il y a, en France, onze ministères.

Le ministre de la *justice*, qu'on appelle aussi le *garde des sceaux*, est le chef suprême de la magistrature ; il nomme les juges, sans pouvoir les révoquer ni les déplacer malgré eux ; il nomme et peut révoquer les procureurs et leurs substituts. Il préside le Conseil d'État et le Tribunal des conflits.

Le ministre des *affaires étrangères* assure nos relations politiques avec les autres peuples, par des ambassadeurs et des ministres plénipotentiaires accrédités auprès d'eux ; et nos relations commerciales, par des consuls et des agents consulaires dans les villes où nous avons des intérêts.

Le ministre de l'*intérieur* a l'administration générale du pays, par des préfets, sous-préfets, secrétaires généraux et conseillers de préfecture, que nomme, sur sa présentation, le Président de la République.

Le ministre des *finances* opère la recette et la dépense ; il prépare chaque année le budget, et le présente au Parlement ; il en a l'exécution.

Le ministre de la *guerre* a la charge de la défense nationale : recrutement de l'armée, travaux de fortifications, ordres de marche et plans de campagne, etc. Il soumet au Président de la République la nomination des officiers.

Le ministre *de la marine et des colonies* assure, avec le fonctionnement des colonies, le recrutement de l'armée de mer, la construction des navires de guerre, l'entretien des arsenaux maritimes, la défense des rades et des ports.

Le ministre de l'*instruction publique* dirige l'enseignement public et surveille l'enseignement libre. Il est le grand maître de l'Université ; il nomme les inspecteurs, les professeurs, sauf les plus hauts fonctionnaires, dont il propose la nomination au Président de la République. Il est aussi ministre des *beaux-arts*, et s'occupe à ce titre des musées, des monuments, des théâtres.

Le ministre des *travaux publics* a la charge des grands travaux à faire sur le domaine de l'État, routes nationales, ports, digues, etc. Il a sous ses ordres les ingénieurs, conducteurs, garde-mines, etc.

Le ministre du *commerce* a la tâche d'aider à tout ce qui peut faciliter la production et la circulation de la richesse.

Le ministre de l'*agriculture* a sous sa dépendance les écoles d'agriculture et de médecine vétérinaire, l'école forestière ; il entretient les forêts de l'État.

Le ministre des *postes et télégraphes* assure la transmission des correspondances entre les divers points de la France et de l'étranger.

5. — Presque tous les ministres ont auprès d'eux des Conseils, des comités permanents, qui les assistent.

Toutes les opérations financières, non seulement des fonctionnaires de l'État, mais de ceux mêmes des départements et des communes, sont contrôlées à Paris par un tribunal, qui est la *Cour des comptes*. Il y a un premier président, trois présidents de chambre, quatre-vingt-dix référendaires, un procureur général, vingt-cinq auditeurs, un greffier en chef. Les juges de la Cour des comptes sont inamovibles. C'est un tribunal administratif, dont le personnel relève du ministère des finances. Il ne peut être appelé de ses jugements que devant le Conseil d'État, qui ne les annule que pour vice de forme. Il ne juge pas les comptables, mais les comptes ; s'il estime que le comptable est en faute, il en réfère au ministre des finances, qui en réfère à la justice.

CHAPITRE XII

LES CULTES.

1. — Quels peuvent être les rapports de l'État avec les cultes ? Y aura-t-il une religion d'État, soit qu'une Église domine l'État et mette le bras séculier au service de ses dogmes, soit que l'État domine l'Église, ou se confonde avec elle ?

Ni l'un ni l'autre. L'État n'a pas à faire prévaloir le vrai et le bien, mais à faire régner la justice. Il n'impose point la connaissance de la vérité, mais le respect du droit ; et il n'y a de droit que le droit commun. L'Église, pour l'État, n'existe pas ; il existe des églises. Une Église est, en présence de l'État, une association d'hommes réunis pour le bien religieux des âmes : de même qu'il peut y avoir d'autres associations d'hommes réunis pour d'autres biens qu'un bien des âmes, ou pour d'autres biens des âmes qu'un bien religieux.

Un corps savant, par exemple, sera une association d'hommes réunis pour un bien intellectuel. Toutes auront le même droit de vivre, sans que nulle puisse avoir le droit d'exclure les autres. Si un corps savant prétendait à un privilège, s'il s'opposait par la force à l'existence d'un rival, ne serait-il pas injuste? L'État, protecteur du droit de tous, ne devrait-il pas défendre contre sa prétention le droit de son rival? « Triomphez, lui dira-t-il, dans les esprits; triomphez par plus de science, non par le monopole de la science. Que la lutte sur le terrain de la science vous donne la victoire, si vous êtes les plus savants en effet ; mais ne me demandez pas d'exclure vos rivaux du champ de bataille. Est-ce à moi de prononcer en matière de science, et de vous instituer d'autorité les maîtres d'un terrain qui appartient aux plus forts, c'est-à-dire aux plus savants? »—Pareillement, si une Église revendique le privilège d'une protection exclusive, elle est injuste, et il faut défendre contre elle le droit des rivales. Qu'elle règne par la parole, par la supériorité de la vérité sur l'erreur, par la persuasion, mais non par l'exclusion des autres, qui croient posséder la vérité comme elle, et qui ont, chacune selon sa foi, le même devoir de la répandre.

L'État, dit-on, doit protection à la vérité. Point, mais à la justice. Comme il n'est que le droit armé, non le bien armé, il ne repose que sur la vérité qui est le fondement de la justice ou du droit, non sur celle qui est le fondement de la morale entière ou du bien. Quant à celle-ci, à quel signe l'État la reconnaîtra-

t-il ? S'il impose une religion, il impose une opinion ;
et, tandis que l'État n'aurait pas à déterminer le
dogme, mais à l'accepter pour en faire l'objet d'une
protection exclusive, il le détermine par son choix
même : il constitue en son empire l'Église qu'il impose, et dont il y produit la vie, comme, s'il l'eût repoussée, il en eût causé la mort.

On insiste. L'homme attend la vérité du Dieu qui le
fit libre et lui imposa un devoir : il a besoin de connaître son devoir, de connaître Dieu : il faut, en conséquence, qu'il trouve dans la société une autorité qui
le lui enseigne. Ainsi disent les adversaires de la liberté religieuse. — Soit. L'homme attend de Dieu la
vérité : est-ce à dire de l'État ? Il faut qu'il la trouve
dans la société : la société est-elle donc l'État ? Dieu
aura révélé la vérité, établi dans le monde une infaillible tradition de sa révélation nécessaire à l'homme...
Soit. Que l'homme la trouve dans l'Église, et trouve
l'Église dans la société ! Il suffit que l'État permette à
cette intervention divine de se produire sans obstacle ; il suffit que l'Église ne rencontre autour d'elle
aucune violence qui la combatte : qu'elle soit libre de
s'affirmer et de se prouver, mais qu'elle n'empêche
point les autres de s'affirmer et de se prouver si elles
le peuvent. L'État, qui doit la protéger contre les autres, doit aussi, au besoin, protéger les autres contre
elle. Qu'elle ne soit ni persécutée ni persécutrice ! Elle
est persécutée, si elle est entravée dans sa prédication
ou dans son culte, et c'est contre quoi il faut que
l'État la défende ; si elle entrave elle-même une autre

prédication ou un autre culte, elle persécute, et c'est de quoi il faut que l'État l'empêche. Que toutes les Églises prêchent librement : s'il en est une qui possède la vérité, l'homme trouvera dans la société la vérité qu'il y cherche.

Liberté de conscience, liberté des cultes, séparation des Églises et de l'État : voilà le principe, et voilà où il en faudra venir.

2. — Nous n'y sommes pas encore venus. Nous vivons sous le régime du *Concordat* de 1802, entre Rome et la France. Il donne à l'Église romaine en France une situation privilégiée, ne fût-ce qu'en ce qu'il consacre la prétention de cette Église à être l'Église même, qu'il élève ce qui ne devrait être qu'une libre association au rang de puissance traitant avec l'État d'égal à égal ; mais du moins il arme l'État contre cette puissance. Il stipule des engagements réciproques : à l'État de tenir les siens, mais à l'Église romaine de tenir aussi les siens, dût-elle y être contrainte : elle est liée. Un régime de liberté serait préférable, sans doute : mais quand on établirait la liberté d'association, celle-ci trouverait une association de fait, bien antérieure à ce régime, qui s'est produite en dehors de la liberté, contre la liberté ; il n'y aurait donc point à respecter en elle une liberté dont elle n'est pas l'œuvre, un droit dont elle est la négation. Elle est un fait, bon ou mauvais, nous n'avons pas à le juger, mais autre qu'il ne se fût produit peut-être sous le régime du droit commun, exorbitant, et qu'il faut ramener à ses légitimes limites. Certes, le droit est absolu ; rien de

plus vrai que le mot de Bossuet : « Il n'y a point de droit contre le droit. » Mais quoi! c'est un malheur que l'homme ait besoin des siècles pour l'apercevoir et le constituer en fait : car il résulte de là qu'un droit, alors même qu'il est reconnu en principe, ne peut être établi aussitôt. Dès qu'un droit veut s'édifier, il trouve sur le sol des violations de droits déjà toutes construites et qui lui ôtent la place; une justice nouvellement reconnue rencontre autour d'elle de vieilles injustices qui l'empêchent d'être. La vieille injustice est la domination de l'Église, la religion d'État : elle empêche d'être la justice, qui est la séparation des Églises et de l'État. Séparée sans être contenue, elle serait un péril pour l'État. Le Concordat permet la transition du régime de la foi d'autorité à celui de la foi libre.

3. — Le Concordat reconnaît aux Français le libre exercice du culte catholique, mais stipule expressément que ce culte « devra se conformer aux règlements de police que le gouvernement jugera nécessaires pour la tranquillité publique. » Il protège ce culte, mais à la condition d'obtenir en échange le respect et l'obéissance de ses ministres, liés par serment. Il délimite les diocèses et les paroisses, donne à l'État la nomination des évêques : le pape leur confère l'investiture canonique; les évêques nomment aux cures des prêtres agréés par l'État. Il établit un traitement pour les évêques et les curés. Il ne parle pas des curés de succursales, dits *succursalistes* ou *desservants :* leur traitement n'est pas concordataire.

Le Concordat est complété par des articles organiques, qui règlent la police intérieure du culte : pour que les évêques puissent quitter leur diocèse, ou se réunir, pour que les bulles, brefs, décrets du pape, puissent être reçus en France, il faut l'autorisation du gouvernement. Le gouvernement intervient contre les abus commis par les ministres du culte dans l'exercice de leurs fonctions. Le recours contre les abus du clergé est porté au Conseil d'État : c'est l'*appel comme d'abus.*

Le culte catholique a des archevêques, des évêques, des curés de canton nommés par les évêques sauf l'agrément de l'État, non révocables; des desservants, nommés et révoqués par les évêques seuls.

4. — L'État reconnaît et rétribue d'autres cultes : l'Église réformée ou calviniste; l'Église luthérienne; le culte israélite.

L'Église calviniste est gouvernée par des pasteurs, des Conseils presbytéraux, qui administrent les paroisses, des consistoires, un par chaque groupe de six mille fidèles ; les consistoires nomment les pasteurs. Des *synodes,* assemblées qui ont besoin de l'autorisation du gouvernement pour se réunir, lui soumettent leurs résolutions. Un Conseil central, qui siège à Paris, représente auprès du gouvernement les Églises réformées de France.

L'organisation de l'Église luthérienne est à peu près la même.

Le culte israélite a six consistoires, un central, qui siège à Paris, les autres en province, sous la dépendance du central. Ils sont nommés par les fidèles, et ils nomment des assemblées, qui nomment des rabbins.

III. — Le département et la commune.

CHAPITRE XIII

LE DÉPARTEMENT.

1. — La France est divisée en 87 départements, auxquels il faut joindre le territoire de Belfort, reste d'un ancien département que la dernière guerre nous a ravi. Chacun de ces départements est à la fois une circonscription géographique, une division administrative, et une personne morale : il vend, il achète, il a des ressources propres, des routes, des édifices, des propriétés.

A la tête est le préfet, nommé sans condition de diplôme ni d'âge, sur présentation du ministre de l'intérieur, par décret du Président de la République. Il correspond avec tous les ministres; il est à la fois l'agent du gouvernement, le représentant du département, le tuteur des communes.

Comme agent du gouvernement, il fait exécuter les lois, il est le chef de tous les fonctionnaires, lui-même en nomme un assez grand nombre : architectes départementaux, administrateurs des bureaux de bienfaisance, commissaires de police des villes de six mille âmes et au-dessous, et beaucoup d'autres. Il a toute la police, et peut requérir la force armée : il a charge de la sécurité et aussi de la salubrité publique. Il a des pouvoirs en matière de finances, de voirie, de travaux publics, etc.

Comme représentant du département, il soumet au Conseil général des rapports et des propositions, et il exécute les décisions du Conseil général, après les avoir jugées valables : agent du gouvernement quand il examine s'il n'y a pas lieu de les annuler, agent du département quand il les exécute. Il accepte ou refuse les dons et legs faits au département, il passe les contrats du département, signe ses marchés, engage ses procès, sous le contrôle de la Commission départementale.

Comme tuteur des communes, il approuve ou non leurs budgets annuels, leurs contrats d'achats et de vente, etc.

A ces attributions d'ordre administratif, le préfet en joint quelques autres d'ordre judiciaire, mais peu importantes.

Il est assisté par un secrétaire général, qui signe les expéditions des actes administratifs, surveille les bureaux, le remplace en cas d'absence ou par délégation pour certains offices, est l'avocat du gouvernement devant le Conseil de préfecture. Comme le préfet, il est nommé par le gouvernement.

Auprès du préfet est le Conseil de préfecture, dont les membres, nommés aussi par le gouvernement, sont au nombre de trois, quelquefois de quatre; ils doivent avoir au moins vingt-cinq ans, et soit dix ans de stage administratif ou judiciaire, soit le diplôme de licencié en droit. Ce Conseil accorde ou refuse aux communes, et aux établissements publics mis sous tutelle administrative, l'autorisation de plaider; il révise leurs comptes, au-dessous de trente mille francs de revenu annuel; il statue comme pouvoir judiciaire sur les difficultés soulevées par le recouvrement des contributions directes, et sur celles qui se rattachent aux travaux publics.

2. — La représentation directe du département est le Conseil général.

Le nombre des conseillers généraux correspond à celui des cantons. Ils sont élus par les électeurs portés sur la liste municipale, ceux-ci convoqués au moins quinze jours d'avance : le scrutin dure un jour, de huit heures du matin à sept heures du soir. Le Conseil général de la Seine se compose des conseillers municipaux de Paris, auxquels se joignent les membres élus dans les arrondissements de Saint-Denis et de Sceaux.

Les conseillers généraux sont élus pour six ans, renouvelables par moitié tous les trois ans. Le Conseil peut être dissous par décret motivé.

Pour être éligible au Conseil général, il faut : avoir au moins vingt-cinq ans; être porté sur une liste d'électeurs; être domicilié dans le département (pour un quart des conseillers, il suffit d'y être inscrit au rôle d'une des contributions directes); n'être pas pourvu d'un Conseil judiciaire; ne remplir aucune des fonctions rétribuées sur les fonds départementaux.

Le Conseil général se réunit à la préfecture, en service ordinaire, deux fois par an : les deux sessions s'ouvrent de plein droit, l'une, le second lundi qui suit le jour de Pâques; l'autre, et c'est la plus importante, celle où est voté le budget, le premier lundi qui suit le 15 août. Des sessions extraordinaires peuvent être convoquées, si les deux tiers des conseillers le demandent, ou par décret du Président de la République.

La session d'août ne peut durer plus d'un mois, ni l'autre plus de quinze jours. Les séances sont publiques. Le Conseil nomme son bureau : un président, un ou plusieurs vice-présidents et des secrétaires. Le préfet assiste aux délibérations, avec la parole quand il la demande.

Le Conseil général, même quand il n'est pas en session, est toujours présent, par un Conseil permanent, qu'il prend dans son sein chaque année au mois d'août : quatre membres au moins, sept au plus, composent cette *Commission départementale ;* le plus âgé la préside. Elle se réunit à la préfecture, au moins une fois par mois. Elle a des pouvoirs délégués par le Conseil général, qu'elle représente dans l'intervalle des sessions; elle a aussi des pouvoirs propres : ce sont, en grande partie, d'anciens pouvoirs du préfet.

3. — Le Conseil général a des attributions considérables. Les Chambres ayant voté les contributions di-

rectes et les ayant réparties entre les départements, c'est le Conseil général qui les répartit ensuite entre les arrondissements. Il vote les centimes additionnels : ordinaires, pour l'instruction primaire, pour les chemins vicinaux ; et extraordinaires, dans la limite fixée annuellement par les Chambres. Il contrôle les votes de centimes additionnels extraordinaires faits par les Conseils municipaux. Il révise les sections électorales de toutes les communes. Il statue sur une foule d'affaires ; il délibère sur d'autres, qui ne deviennent exécutoires qu'après approbation du gouvernement, ou trois mois de silence : approbation expresse ou tacite. Celles-ci intéressent à la fois l'État et le département : il statue sur celles qui n'intéressent que le département. Il donne son avis sur une foule d'objets, et il est autorisé à émettre des vœux sur les questions administratives, économiques, mais non politiques : les vœux politiques, s'il en émet, sont annulés de plein droit.

Mais la plus importante peut-être de ses attributions est le vote du budget départemental. Il le reçoit, à la session d'août, de la Commission départementale, préparé par le préfet, qui a dû le remettre, dix jours auparavant, à cette Commission ; il le discute, le vote, le porte à l'approbation du Président de la République, qui le règle par un décret.

Ce budget comprend des recettes comme des dépenses ordinaires et extraordinaires. Recettes ordinaires : 1° le produit des centimes additionnels, tant par franc payé à l'État, la loi en fixe le nombre ; 2° le produit des propriétés départementales ; 3° une subvention de l'État ; 4° une part de l'État et des communes dans certaines dépenses départementales. Recettes extraordinaires : 1° centimes additionnels extraordinaires, vingt au plus ; 2° emprunts ; 3° produit des biens aliénés ; 4° dons, legs, recettes accidentelles. — Dépenses ordinaires : loyer, mobilier, entretien d'immeubles pour divers services publics ; instruction primaire ; chemins vicinaux, etc. Dépenses extraordinaires : celles qui ne reviennent pas annuellement.

Enfin, le Conseil général a des attributions politiques. Ses membres sont de droit électeurs sénatoriaux. Et, s'il arrivait que les Chambres fussent mises dans l'impossibilité de se réunir, les Conseils généraux se réuniraient de plein droit pour la nomination de deux délégués par Conseil, formant une Assemblée nationale provisoire.

4. — Il y a au département un Conseil départemental de l'instruction publique, qui nomme des délégués cantonaux chargés de surveiller l'instruction primaire. Ils sont nommés pour trois ans. Les délégations cantonales élisent leur président. Elles doivent se réunir au moins une fois tous les trois mois. Leurs membres font partie des commissions scolaires.

5. — Le département se divise en arrondissements. L'arrondissement est une circonscription administrative et judiciaire : un sous-préfet le dirige, un tribunal civil y siège.

Le sous-préfet, nommé par le gouvernement sans condition de diplôme ni d'âge, est le subordonné et l'auxiliaire du préfet : c'est lui qui établit la communication entre le préfet et les maires. Il a aussi quelques attributions propres : il arrête, avec les maires, les tableaux de recensement pour le recrutement de l'armée, surveille les opérations du tirage au sort, etc. En cas d'urgence, il requiert la force armée, il exerce l'autorité préfectorale ; mais le préfet peut réformer ou annuler ses actes.

Auprès du sous-préfet est un Conseil d'arrondissement, composé d'autant de membres que l'arrondissement a de cantons : le minimum est de neuf membres, tous élus, par les électeurs portés sur la liste municipale, pour six ans, renouvelables par moitié; âgés de vingt-cinq ans au moins ; domiciliés dans l'arrondissement ou y payant une des contributions directes ; jouissant de leurs droits civils et politiques. Le Conseil élit un président, un vice-président, un secrétaire. Il a au moins une session par an, en deux parties, avant et après la session d'août du Conseil général. Le sous-préfet assiste aux délibérations et y prend part.

Les fonctions de ce Conseil sont peu importantes. La plus considérable est de répartir entre les communes les contributions directes, réparties d'abord par les Chambres entre les départements, puis entre les arrondissements par le Conseil général. Les conseillers d'arrondissement sont électeurs sénatoriaux.

6. — Le canton n'est pas une division administrative de l'arrondissement. C'est une circonscription judiciaire : un juge de paix y réside. Il y a un per-

cepteur, il y a une brigade de gendarmerie par canton. C'est par canton que se fait le recrutement de l'armée; par canton que sont nommés les conseillers d'arrondissement, les conseillers généraux.

CHAPITRE XIV

LA COMMUNE.

1. — Si la famille est la première société naturelle, on peut dire que la commune est la première société politique. Elle est la cité : unité administrative, personne morale.

La commune est plus ou moins étendue, plus ou moins peuplée; mais c'est toujours la commune.

Quand elle est vaste et populeuse, elle est divisée en sections, dites *cantons* dans les grandes villes, et à Paris *arrondissements*. Cette division n'altère point l'unité de la cité.

L'organisation des communes est partout la même, sauf à Lyon et à Paris : une commune de Paris notamment, de la ville capitale, qui est tout un peuple, et qui serait bien vite un État dans l'État, tiendrait en échec le gouvernement central.

La commune se gouverne elle-même, par un pouvoir législatif, qui est son Conseil municipal, et un pouvoir exécutif, qui est son maire. C'est du Conseil municipal qu'émanent aujourd'hui tous les pouvoirs communaux ; c'est ce Conseil qui dirige, qui gouverne la commune.

2. — Les conseillers municipaux sont nommés pour trois ans, au scrutin de liste, par le suffrage universel. Leur nombre varie, de 6 à 36, suivant la population. A Paris, chacun des vingt arrondissements, divisé en quatre quartiers, nomme quatre conseillers municipaux ; les 80 conseillers forment le Conseil, qui nomme son président. A Lyon, les 36 sections de la ville nomment chacune un conseiller.

Les Conseils municipaux peuvent être suspendus par le préfet ou le ministre, dissous par le Président de la République. Le préfet dans le premier cas, le Président de la République dans le second, nomme une Commission qui le remplace.

Ils doivent tenir quatre sessions ordinaires par an ; ils peuvent en avoir d'extraordinaires, mais avec l'autorisation du préfet ou du sous-préfet. En cas de partage des votes, le maire, qui les préside, a voix prépondérante. Leurs séances ne sont pas publiques.

Ils règlent un grand nombre d'affaires ; ils délibèrent sur d'autres, et leur délibération doit être approuvée soit par le préfet, soit par le Président de la République, soit même par les Chambres ; ils donnent, sur des affaires d'intérêt local, des avis, dont l'administration qui les consulte n'est pas obligée de tenir compte ; ils émettent des vœux d'intérêt local : ils ne peuvent émettre de vœux politiques. Ils concourent, par un délégué qui les représente, aux élections sénatoriales.

3. — Le maire de la commune est pris dans leur sein, nommé par eux ; il ne peut avoir moins de vingt-cinq ans. Il peut être suspendu par un arrêté du préfet, que doit confirmer dans le délai de deux mois le ministre de l'intérieur ; il peut être révoqué par décret du Président de la République, et dès lors, pendant un an, n'est plus rééligible.

Un ou plusieurs adjoints remplacent le maire empêché. Ils sont nommés, comme lui, par le Conseil municipal. Ils peuvent être suspendus et révoqués comme lui.

Ils peuvent remplir par délégation quelques-unes des fonctions du maire.

Ces fonctions sont multiples. Le maire est officier de l'état civil ; officier de police judiciaire ; délégué du pouvoir central ; représentant de la commune.

Comme officier de l'état civil, il reçoit et conserve les actes de naissance, de mariage et de décès. Ces actes, avant 1789, étaient inscrits sur les registres des paroisses catholiques. Sous le régime de la liberté religieuse, les registres de l'état civil ne peuvent être tenus par un clergé : ils le sont par les municipalités, autorité laïque et de droit commun.

Comme officier de police judiciaire, le maire assiste le procureur de la République et le juge d'instruction dans la recherche des crimes et délits.

Délégué du pouvoir central, bien qu'il ne soit pas nommé par le gouvernement, il le représente : c'est lui qui publie les lois, et qui veille à leur exécution, comme à celle des mesures de sûreté générale.

Mais il est surtout le représentant de la commune et le mandataire du Conseil municipal. Il exécute donc les délibérations du Conseil municipal, auxquelles il a lui-même pris part, avec voix prépondérante. Mais il agit aussi en son nom, sous sa responsabilité propre, sauf à perdre la confiance du Conseil qui l'a nommé, ou à voir ses actes annulés par le préfet. Il fait des règlements, qui ont force de loi, relatifs à la police et à la voirie municipales, à la police et à la voirie rurales.

4. — Il prépare le budget de la commune ; le Conseil municipal le vote : budget des recettes, ordinaires et extraordinaires ; budget des dépenses, obligatoires et facultatives.

Les recettes ordinaires sont : 1° les revenus de propriétés, telles que maisons, bois, pâturages ; 2° le produit de certains impôts ; 3° les centimes additionnels : cinq centimes par franc sur les contributions foncière, personnelle, mobilière ; d'autres spéciaux ; pour les chemins vicinaux ; pour le garde champêtre : quatre centimes, sur les quatre contributions directes, pour l'instruction primaire ; d'autres extraordinaires ; 4° le rendement des *octrois*, impôt indirect prélevé sur divers objets de consommation à leur entrée dans certaines communes ; et des recettes analogues, telles que droits de *place*, de *stationnement des voitures*, etc. Les recettes extraordinaires sont des contributions extraordinaires autorisées, des emprunts, des ventes, des dons et legs, etc.

Quand toutes ces recettes ne suffisent pas aux besoins des communes, le département et l'État, chacun pour sa part, y suppléent par des subventions. Ainsi, l'État a réparti entre certaines communes une somme de quinze millions pour les dépenses de l'instruction primaire ; il a mis à la disposition des communes de France une *caisse des écoles*, richement pourvue par les Chambres ; une *caisse des chemins vicinaux*, qui leur est aussi d'un très grand secours.

Les dépenses des communes sont, les unes obligatoires, inscrites d'office par l'autorité supérieure, à défaut du Conseil municipal, au budget de la commune ; les autres facultatives.

Les dépenses obligatoires sont, par exemple, les dépenses relatives aux chemins vicinaux et ruraux, aux bâtiments communaux, à l'instruction primaire. C'est la commune qui fournit la maison d'école. L'État aide les communes trop pauvres dans la construction de leurs édifices scolaires. Les chemins vicinaux, classés et déclarés d'utilité publique par le Conseil général, sont à la charge de la commune s'ils n'intéressent que la commune : chemins vicinaux ordinaires, qui la traversent ; *d'intérêt commun*, qui servent à plusieurs communes ; *de grande communication*, qui vont au chef-lieu de canton, ou jusqu'à la jonction d'une grande route. Pour ces deux dernières sortes de chemins, il est rare que le département ou l'État ne vienne pas en aide à la commune. De même les chemins ruraux, chemins non classés, mais également publics : la commune a la charge de leur entretien.

TABLE DES MATIÈRES

PRÉCIS D'INSTRUCTION MORALE

Introduction.. 1

PREMIÈRE PARTIE
NOTIONS ÉLÉMENTAIRES DE PSYCHOLOGIE

Chap.	I. L'âme et le corps............................	9
—	II. L'activité physique.........................	17
—	III. La sensibilité physique....................	21
—	IV. L'intelligence..............................	25
—	V. La sensibilité morale........................	43
—	VI. La volonté..................................	47
—	VII. La spiritualité de l'âme...................	58

DEUXIÈME PARTIE
MORALE

LIVRE PREMIER
MORALE THÉORIQUE. — PRINCIPES.

Chap.	I. La conscience morale........................	69
—	II. La loi morale...............................	72
—	III. Le devoir et le droit. — La vertu..........	87
—	IV. Les sanctions de la loi morale..............	89
—	V. Dieu et la vie future.......................	96

LIVRE DEUXIÈME
MORALE PRATIQUE. — APPLICATION.

Chap.	I. Division des devoirs......................	109
—	II. Morale individuelle.........................	111
—	III. Morale sociale. — Devoirs généraux..........	117
—	IV. Morale sociale (suite). — Devoirs particuliers...	136
—	V. Morale religieuse...........................	155

MANUEL D'INSTRUCTION CIVIQUE

I. — Principes généraux.

Chap.	I. Introduction............................	165
—	II. La souveraineté nationale...................	170
—	III. La souveraineté nationale (suite). — Ses limites.	176
—	IV. La souveraineté nationale (suite). — Son exercice.	179
—	V. La souveraineté nationale (suite). — Ses agents.	189

II. — L'État.

Chap.	VI. La Constitution............................	194
—	VII. La justice.................................	207
—	VIII. La force publique...........................	218
—	IX. L'instruction publique.......................	225
—	X. L'impôt...................................	232
—	XI. Le budget. — Les ministères................	237
—	XII. Les cultes................................	243

III. — Le département et la commune.

Chap.	XIII. Le département..........................	249
—	XIV. La commune.............................	256

FIN DE LA TABLE DES MATIÈRES.

7879-83. — Corbeil. Typ. et Stér. Crété.

OUVRAGES DU MÊME AUTEUR

La Religion au XIXe siècle (1 vol. in-12). *Hachette et Cie*.
La Raison, Essai sur l'avenir de la philosophie (1 vol. in-12). *Didier et Cie*.
Laure, nouvelle (1 vol. in-12). *P. Dentu.*
Les Tendresses humaines, poésies (1 vol. in-12). *Lemerre.*
La Philosophie de M. Cousin (1 vol. in-12). *Germer Baillière.*

BIBLIOTHÈQUE DE PHILOSOPHIE CONTEMPORAINE

La Religion progressive, Études de philosophie sociale (1 vol. in-12). *Germer Baillière.*
La République (1 vol. in-32). *Bibliothèque démocratique.*
De la Métaphysique considérée comme science (1 vol. in-8). *Pedone Lauriel.* Ouvrage qui a obtenu une mention à l'Académie des sciences morales et politiques.
L'Analyse métaphysique, méthode pour constituer la philosophie première (1 vol. in-8). *J. Sandoz et Fischbacher.*
Études esthétiques (1 vol. in-12). *J. Sandoz et Fischbacher.*
Un Fils du siècle, poème (1 vol. in-8). *J. Sandoz et Thuillier.*
Histoire de la philosophie (1 vol. in-12). *Degorce-Cadot.*
La Littérature française du XVe au XVIIIe siècle (1 vol. in-12). *Degorce-Cadot.*

POUR PARAITRE PROCHAINEMENT :

La Littérature française aux XVIIIe et XIXe siècles (1 vol. in-12). *Degorce-Cadot.*

www.ingramcontent.com/pod-product-compliance
Lightning Source LLC
Chambersburg PA
CBHW050334170426
43200CB00009BA/1595